Ⓢ新潮新書

藻谷浩介　山田桂一郎
MOTANI Kosuke　YAMADA Keiichiro

観光立国の正体

692

新潮社

はじめに　観光業界の「ルパン」

藻谷浩介

スイス・ツェルマットに在住の観光カリスマ、山田桂一郎さんとは、かれこれ一〇年以上のつきあいになります。日本各地の観光地の再生を手弁当でやっている山田さんの活動は、私の著書『デフレの正体』（角川新書）の中でも紹介しましたし、対談集の『しなやかな日本列島のつくりかた』（新潮社）ではご本人にも登場していただきました。

私は本もあまり読まず、ネットもテレビもほとんど見ず、日本と世界各地に設けた無数の定点観測点を繰り返し訪問し観察すること、「現場の知」を体現した人と対話を重ねること、それに幾つかの統計データの推移を分析すること、この三つを情報源にしていますが、観光を核とした地域振興という分野において、山田さん以上の知識と見識を持っている人を他に知りません。

山田さんは一貫して、観光が「総合産業」であることを指摘し、観光先進国であるスイスを中心に世界各国で培った経験と知識を活かして地域経営支援を日本各地で実践しています。私も地域再生のお手伝いの活動をしていますが、「言いっ放し」の私とは違って、山田さんはひとつの地域に関わる際、その地域を再生させる「仕組み」を作るところから手がけます。これは、山田さんが日本の観光地の再生を仕掛ける時、スイスの「ブルガーゲマインデ」という住民主体の地域経営組織に範をとり、それぞれの地域に合った組織を住民自らがつくることを出発点においているからです（ブルガーゲマインデについては、本書の第2章で山田さんご自身が説明をされています）。

当然ですが、仕組みを作るとなると時間も手間もかかります。山田さんがこれまで関わってきた地域はいくつもありますが、どの地域でも事業者や行政だけではなく住民が主体となって、持続可能でかつ自立した活動が目指されています。毎月スイスから来日しては日本中を飛び回っていますが、出向くのは東京や大阪ではなく、一般的に言えば「僻地」に近いところばかり。私もスケジュールが滅茶苦茶ですが、さらにスケジュールが滅茶苦茶な人といえば山田さんでしょう。

私は昔から、モーリス・ルブランの「アルセーヌ・ルパン」のシリーズが大好きなのですが、山田さんは日本の観光業界の「ルパン」みたいな存在だな、とかねてより思っています。ルパンは自分のビジネスとは別のところで、謎解きだの人助けだのに首を突っ込んでは、推理力と行動力を駆使し、命をかけて弱者を救い、悪人をやっつけ、しかし往々にして十分にその見返りを得ないままに去っていく。山田さんも同じで、誰にも見えていない日本や地域の将来の姿が彼にだけは見えている。それを先取りして現実を動かす。しかし、いったんことが成功してしまうと、彼の存在は忘れられてしまう。そして、現実が変わった後には本人はそこを離れていて、またどこか別の場所に姿を現すのです。

大きな枠で言うと、日本の観光の問題は二つあります。

ひとつは、日本の観光にはマーケティングの思想が決定的に欠けていることです。「いい製品を作れば売れる」という「プロダクトアウト」の発想しかなく、「市場が求めているものを創り出す」という「マーケットイン」の発想がない。「俺たちはいいものを持っているんだからPRをすれば客が来るはずだ」という観念に凝り固まった観光関連業者が本当にたくさんいるのです。そういう人たちは、私や山田さんが「マーケティング」の話をすると、すぐに「PR」の話だと勘違いします。「PR」とは、自分たちのやり方は変えないままで、どれだけ多くの人に自分たちを知ってもらうかという活動。

一方の「マーケティング」とは、自分の商品の中身を作り変えるということです。顧客の需要がどういうところにあって、それを取り込むにはどうしたらよいかという「戦略」に立ち、根本から事業を見直すのです。ですが、顧客から発想して戦略や商品を作り変えることなど考えたこともない、「地元のボスキャラ」に支配された有名観光地ほど、旅行代理店と一緒になって格安パッケージツアーで客をさばく、という発想から抜け出せません。せっかく潜在的に素晴らしい素材を持ちながら、マーケティングの不在によってそれがいかされていない観光地が、それこそ山のようにあります。

もうひとつは、「観光は地域を豊かにするための手段である」「地域全体が豊かにならないと、観光地としては長続きしない」という視点が欠けていることです。観光業はビジネスですが、「観光ビジネス関係者」だけの視点で考えると必ず先細りしてしっぺ返しにあいます。観光は、その地域にいる人たちが幸せに生きていくための手段です。地域が衰えて無人になっても観光事業者だけは生き残れる、というようなことはありえません。観光事業者自身が地域を豊かにするという意識を持たなければいけないし、地域の人も観光事業者ばかりにやらせないで自分たちで積極的に関わらなければいけない。多くの観光地には、そうした連携が根本的に欠けているのです。

中国人の「爆買い」は、ごく一部の店や企業の売上を一時的に増やしただけでした。しかもよそから仕入れたものを売っているだけなので、その売上もわずかなマージン以外は地域の外に出て行ってしまう。最近の観光を巡る論議を聞いていると、そこを気にしていない、客数が増えれば満足、という安直なものが多すぎます。国の観光振興策も、鉄道・航空会社、大手ホテルチェーン、リゾートチェーン、免税店の資格を持っているドン・キホーテなどの小売店、大手旅行会社などの視点に引きずられすぎではないでしょうか。観光を通じていかに地域を豊かにしていくかという、住民側の視点が足りないのです。

自社の利益しか考えない観光業界の体質は、「正直者がバカを見る」「努力するものが損をする」ケースを多々生んでいます。何の努力もしないまま、中央から降ってくる補助金を口を開けて待っているような「ボスキャラ」たちが大きな顔をする一方、地道に地域を良くしようと活動している新参者が白い目で見られるような構図があちこちにあります。せっかくの新しい試みが、こうしたボスキャラたちに潰される事例を、私はたくさん見てきました。

そうした事情は充分承知の上で、山田さんはこれまで、地道に観光地の再生や活性化に尽力されてきました。

私が山田さんを本当に凄いと思うのは、日本の観光地の現実が、彼が一〇年以上前から言っていた通りになってきていることです。彼のアドバイス通りにやったところにはお客さんが来ているし、やらなかったところには誰も来ていない。

ひとつ例を挙げましょう。「Mt．6（マウント6）」という、山田さんが仕掛け人の一人となって出来たスキーリゾートの連合体の勉強会でのことです。Mt．6は、日本の六つの代表的な老舗スキー場が「リゾート文化の創造と継承」を誓い合い、将来に向けてお互いが切磋琢磨していこうという有志の連合体で、野沢温泉・蔵王温泉・草津・白馬八方尾根・妙高赤倉温泉・志賀高原が入っていました。この場で山田さんは、「スキー場の価値を山岳リゾートとして高めれば、外国人スキーヤーがたくさんやってきて長期滞在します。それに向けた体制作りをしましょう」と言い続けていました。私は講演会でお説教するだけですが、山田さんは現場のコンサルティングもしていて、個別の企業や団体に対しても実に細かく指導されていた。それから一〇年経ち、そのとき真面目にやっていたところと、そうじゃないところでは、外国人の集客に極端に差がついたのです。

うまくいったところのひとつが野沢温泉です。野沢温泉のスキー場は、もともと村営でやっていました。だから、経営を改善しようとするインセンティブが働きにくかった。スキーブームにこだわりすぎてスノボを禁止にしたりするなど、実際にゲレンデを利用する人たちの需要に向き合わない施策もいろいろとやらかしていました。当然、お客さんは増えず大赤字を計上、それが村の財政を圧迫していました。要するに、いつ潰れてもおかしくない状態だったのです。

そのような状況の中、地元有志が主導する形でスキー場経営は民営となり、やる気のある若手が中心となって、外国からのお客さんがたくさん来る「インバウンド」を取り込む活動が少しずつ広がり始めました。そして、これまで野沢温泉には無かった外国人向けのサービスを提供するお店や宿が増えたのです。地域振興は合意形成と共に連携した活動が大事で、何事も一気には変わりません。野沢温泉の外湯文化や道祖神祭りなどの本質的な価値を活かしつつ、徐々に外国人向けの受け入れ体制を変えていく道をとったのです。

私の実体験を一つご紹介します。土日が講演でつぶれてしまう生活で年に一、二回しかスキーに行けないのですが、二〇一四年に、無理に時間を作って野沢温泉に半日だけスキーに行ったのです。飯山駅でタクシーを拾い、運転手さんに「最近どうですか?」と聞いたら、「ああ、最近は外人さんがいっぱい来ますよ。外人さんは大体二週間ぐらい滞在しますね」と話していました。

この「外人さんが来て二週間ぐらい滞在する」という話は、まさに十数年前に山田さんがMt.6で各地のスキー場関係者に熱っぽく予言していたことなのです。しかし、当時の反応の多くは、正直「はあ?」といった感じで、一部の若手を除けば「そんな話があるわけない」と顔に書いてありました。ところが山田さんは、「外国人の長期滞在に値するネタは充分にある」と断言していた。日本らしい街並みがあって、温泉があって、素晴らしいスキー場がある。欠けているのは、外国人がリゾートに期待する「夜の賑わい」や「その地ならではの体験」など、スキー以外の滞在中の楽しみ方だけ。つまり、それらを用意できれば外国人が長く滞在してくれるようになる。だから、せっかく来てくれたお客さんを旅館の中に閉じ込めるのではなく、もっと街の中を歩けるようにする工夫が必要だ、と。

豪州を中心とした外国人スキーヤーたちが日本のスノーリゾートに求めているものを理解し、スキーそのものの楽しみ方とスキー以外の滞在中の楽しみを的確に提供出来るようになったことで、野沢温泉はスキー場から「日本のスノーリゾート」へと大きく変わったのです。その結果、今では「野沢温泉は外国人が二週間くらい滞在するところである」という認識を、飯山のタクシー運転手ですら持つようになったわけです。

野沢温泉のケースを見るにつけ、「世の中、変わるときは変わるな」ということを強く実感するのですが、今となっては、最初に山田さんの話を聞いて「はあ?」と思った人も含めて、自分たちの努力と世の中の流れで野沢温泉はこうなったのだ、と思っているに違いありません。もちろん、野沢温泉の関係者がものすごい努力をしたのは事実ですが、その「青写真」を示した山田さんの功績は、恐らく今となっては多くの人が忘れているでしょう。ここが、彼の「ルパン」たるゆえんです。

一方、野沢温泉のすぐ近くには志賀高原という、国内屈指の有名スキーエリアがあります。しかし、志賀高原には外国人があまり来ていない。志賀高原と同じ山《やま》ノ内町《うちまち》内の地獄谷野猿公苑には「温泉ザル」がいて、訪日英米人の超人気スポットになっています。

その高原の上り口にある渋温泉も、日本情緒を強調してそこそこ頑張っている。しかし、その上にある志賀高原の外国人誘客は大きく出遅れました。なぜそうなってしまったのか。それは、先程申し上げた「マーケティングの不在」によるところが大きいのです。

志賀高原でも、野沢温泉と同じように山田さんがMt.6主催の勉強会を仕掛けていました。ところが、地元に君臨していたボスキャラに改革の芽を潰されてしまった。彼は、山田さんの勉強会に参加していた若手のホテル、旅館主に対して、「お前、あの会合に行ったのか?」と直接的な圧力をかけた。しかも、町長の政敵が観光協会長だったこともあり、町の余計な政治的な問題まで引きずる。そうなると、若手経営者も身動きが取れなくなり、やる気もなくしていくことで活動が一気に停滞、その結果、志賀高原はMt.6からも脱退しました。それから五~六年がたって、インバウンドブームが起き始めたわけですが、志賀高原はそのブームに対応するための準備を充分にできていませんでした。しかも、若手経営者に圧力をかけていたそのボスキャラが経営していた観光関連企業自体も、その後に倒産してしまったのです。

志賀高原は一例に過ぎません。こういう滅茶苦茶な話はそれこそ日本中にありますし、こういうボスキャラは全国各地にいる。比喩的に言うと、半沢直樹の敵みたいな人です。

サラリーマンなら「一番上までいかないけど邪魔だけはする重役」みたいなタイプですが、地方では「同族の二代目」の中にこのタイプが多い。新しいものにはアレルギー反応を起こし、権力を保持できるだけ保持しようとして、それに耐えられなくなり最後に全部ぶっ壊す。こういう人たちには、潜在的に破滅願望みたいなものがあるように思えてなりません。一方で、すごく革新的かつセンスがいい人がいるのも同族の二代目が多いので、この見極めにはいつも苦慮しています。

二〇二〇年に東京へのオリンピック・パラリンピック招致が決まり、中国人の爆買いが注目されたり、訪日外国人の数が想定された二〇二〇年より四年も早く二〇〇〇万人の突破が確実になったりと、インバウンドのパワーが注目される状況になってきています。それ自体は望ましいことでしょう。ただ一方で、「日本は潜在的にすごい力を持っているのだから、適切な『おもてなし』さえすれば、黙っていても外国人がたくさん来てくれるんじゃないか」というような、願望と一体になった甘い考え方も強まっている気がしています。日々、地方再生のために日本中を飛び回っていると、ダメな観光地ほど、そういう期待に包まれている。

しかし、現実はそんなに甘いものではありません。そこで本書では、山田さんと一緒に、敢えて「日本の観光のダメなところ」、逆に言えば「直していくべきところ」はどういう部分なのかを、具体的に考えてみることにしました。ことの性質上、実際の観光地への言及も多くなりましたし、厳しい指摘もありますが、我々の目的は批判することではありません。変えるべきことは変え、地域の付加価値をあげ、ひいては日本全体の付加価値をあげていくことにあります。関係者の皆様には、ご理解頂ければ幸いです。

本書は二部構成になっています。第一部が、観光のあるべき姿についての山田さんの論考です。本来、観光の仕組みはどのように作り上げるべきなのか、資源のない欧州の小国であるスイスが莫大な付加価値を生んでいる仕組みは何なのか、日本に足りないこととは何なのか、それでもうまくいっている観光地があるとしたらどこなのかなど、ご自身の体験も交えて具体的に語ってもらっています。

第二部は、その第一部の考え方を踏まえた上での山田さんと私の対談です。二人とも日々、日本国中で地域振興の仕事に加わっていますので、現実が理想通りにはいかないことは熟知しています。この第二部では、我々二人の経験と共に実際に見聞きしてきた地域の現実を「ぶっちゃけ」で語りました。「地域創生」「観光振興」というキレイな言葉の裏側には、一筋縄ではいかない現実があるのですが、どんな場所にも希望を持って頑張っている人たちはいます。良いも悪いも含め、できるだけ本当の姿を描くように努力しました。

観光立国の正体——目次

I

観光立国のあるべき姿

山田桂一郎

第1章　ロールモデルとしての観光立国スイス

「非日常」よりも「異日常」を

私が住んでいるスイスのツェルマットは、秀峰マッターホルン、スイス最高峰モンテローザ（四六三四m）を筆頭に四〇〇〇m級のアルプスの名峰に周囲を囲まれた、世界有数の山岳リゾートの一つです。また、ガソリン車の乗り入れが禁止された「カーフリーリゾート」としても世界的に有名で、村の中を馬車とマッチ箱を横向きに立てたような形をした電気自動車が走り回っています。スイスのほぼ最南端に位置し、国境の山を越えればイタリア・チェルビニアで、チューリヒやジュネーヴ、イタリア・ミラノからの移動時間（約三時間三〇分～四時間）はほぼ同じです。国際空港や都市部からは遠く、地理的には遠隔地と表現した方がよいでしょう。カーフリーリゾートである為、自動車では隣町までしかアクセスできず、マイカーによる旅行者はそこからシャトル列車に乗り継ぐ必要があります。

このように地理的に不利な条件にもかかわらず、人口約五七〇〇人の小さな村ツェルマットには年間約二〇〇万泊ものお客様が訪れます。滞在されたお客様の満足度はきわめて高く、七割以上のお客様がリピーターになるほどです。リピーター客の多くは毎年決まった季節に家族でバカンスを楽しみ、帰り際に翌年の宿を予約していかれる方も少なくありません。地域全体でリピーターを増やすために進歩と進化を続けているという意味では、観光・リゾート地としては世界でもトップレベルであると言えるでしょう。

アルプスの谷間にある小さな村が、なぜリピーターをそこまで獲得できているのでしょうか？　雄大なアルプスの山々や氷河、絶景を堪能できる登山鉄道、本格的なスキーやトレッキングのコースなどは、もちろん他の場所にはない重要な観光資源だと言えます。しかし、いかにマッターホルンの眺望が素晴らしくても、お客様はそれだけで二度、三度と足を運んでくれるわけではありません。むしろ物見遊山の観光ならば「美しい景色は一度見れば十分」と感じる方も多いはずです。多くの人々が毎年この村にリピートして来ている理由として「美しい景色」だけでは説明が成り立たないのです。

では、どうしてツェルマットは飽きられないのでしょうか？

最大の理由は、「この地に住む人たちが地域に対して愛着と誇りを持ち、心から楽しく豊かに暮らしている」からだと、私は考えています。アルプスの自然景観にしっくり溶けこんだ家並みと窓辺に飾られた季節の花々、いつも清掃されている清潔な通り、静粛な空間、様々なスポーツやアクティビティを楽しむ地元の老若男女――。ツェルマットの住民は長い月日をかけて、何より自分たちにとって住みよい環境を整えてきました。村のどこに目を向けても、地域に対する住民の愛情と意識の高さがはっきりと伝わってきます。いち早く燃焼燃料機関を使った自動車の乗り入れを規制したのも、他の山岳リゾート地との差別化というマーケティング上の理由からではありません。自然と共生した伝統的な生活を守り、次世代にもっと環境を良くして伝えたいという住民の真剣な思いが理由です。

住民の生活満足度を満たすことを最優先して地域を育てていくと、住人の表情や態度はごく自然に生き生きしてくるものです。生活の中に本質的な豊かさが溢れているから、訪れた人は「こんな場所なら自分も住んでみたい」と感じ、何度も足を運んでくれる。そこにあるのは、画一化されたテーマパークのような「非日常」の世界ではありません。アルプスの風土と調和したツェルマットならではのライフスタイルであり、他の地域から見れば魅力的な「異日常」の空間なのです。

リピーターを獲得せよ

そもそも人は、なぜ旅をするのでしょう。よく耳にするのは、「日常では味わえない刺激を味わうため」という答えです。雄大な自然、古い遺跡、美しい街並み、温泉、神社仏閣——。たしかに「知らない世界を見てみたい」という素朴な動機があってこそ、人は旅の第一歩を踏み出します。日本には昔から「物見遊山」という言葉がありますが、非日常への憧れは観光の一つの本質です。

しかしその一方で、物見遊山だけに頼った観光地はいずれ必ず飽きられてしまうというのも事実です。例えば富士山を見た外国人が、もう一度富士山だけを見るために訪日してくれるでしょうか？　よほど個人的な思い入れでもない限り、そういうケースは稀でしょう。海外からわざわざやって来た旅行者に日本という場所へのリピーターとなってもらうためには、彼らがまた戻って来たくなる別の工夫が必要です。

どの様なビジネスであったとしても、顧客（＝ファン）の存在は決定的な意味を持ちます。そのブランドの価値を認めて、長期にわたって買い支えてくれる人の存在無しには安定的な収益は望めません。このことは観光地においても事情は同じです。その場所のファンとなり何度も訪れてくれる顧客を獲得できなければ、観光地としての持続的運営は成り立ちません。つまり一過性の「非日常的なレジャー」を売り物にするだけでは、観光産業は地域を支える柱にはなりえないのです。

ここで再び、本質的な問いかけが浮かんできます。顧客とリピーターを生みだし、観光・リゾート地として何度も選ばれ続けるためには、一体何が必要なのでしょうか?

本当の意味で旅行者を惹きつけ、その土地のファンとなるのは、名所旧跡のような観光資源だけではありません。重要なのは自分たちとは異なる豊かな「日常性(ライフスタイル)」です。その土地の人たちが生き生きと暮らしていれば、訪れた人はきっとその理由を見つけたくなる。風土に根差した生活様式、独自の食文化、季節ごとの行事、その地の環境が育んだ産業——。二回、三回と足を運べば、その度にまた違った表情が見えてくる。その深さを知れば、決して飽きることはありません。

ツェルマットの人たちは、アルプスという「非日常」要素に加えて、自分たちのライフスタイルがそのまま観光資源になるような「異日常」的な地域づくりを、長い時間と手間をかけて築いてきました。住民が主体となって作りあげたその仕組みには、周到な工夫と運営ノウハウが隠されています。住民のQOL（Quality Of Life：生活の質）が上がるほど観光・リゾート地としての魅力も増し、さらなるリピーターが獲得できる。そういう好循環のシステムを作り上げてきたのです。

そのツェルマットに私が住み始めて、三〇年近くになります。最初はスキーガイドと観光局のインフォメーションカウンター業務から始まり、一九九二年には自身で「JTIC．SWISS（日本語インフォメーションセンター）」を立ち上げました。ここでは日本からのお客様向けに現地発のツアーや個人ガイド・通訳を手配したり、ボランティアで旅の相談に乗ったりしています。

また、現役のスキー教師・ガイドとして働くかたわら、近年は日本各地で観光振興や地域再生、活性化等にも関わるようになりました。今は少なくとも毎月一度の割合でスイスと日本を往復する生活になり、年の半分をツェルマット、残りの半分を日本で過ごしています。国際線・国内線を合わせたフライトの回数は年間で二二〇回以上、外泊が一八〇泊前後というところでしょうか。

二〇〇五年には当時の内閣府、国土交通省、農林水産省（現在は観光庁が担当）が選定する「観光カリスマ百選」に、唯一の海外在住者として選ばれました。その際に付けていただいた「世界のトップレベルの観光ノウハウを各地に広めるカリスマ」という名称がどこまで当たっているかは、自分では分かりません。ただ、今後の日本は、少子化と高齢化と共に生産年齢人口（一五歳～六四歳）の減少で国内市場の急速な縮小に直面することになり、従来の製造業を中心とした稼ぎ方だけでなく、域外から外貨を獲得する観光産業にもっと力を入れざるを得なくなるのは明らかです。その際、自分が身をもって学び、経験してきた観光先進国スイスやヨーロッパのしくみは、少なくとも一つのロールモデルになるはずだと私は考えています。

常に生き残るために必死な国

なぜスイスがロールモデルになるのか。それは、スイスが歴史上ずっと、「生き残るために必死だった国」であり、今もなおそうであるからです。

ヨーロッパのほぼ中央に位置するこの国の原型が生まれたのは、一三世紀末頃。今でこそ国際的に裕福なイメージが浸透していますが、もともとはオーストリア・ハプスブルク家の圧政に長年さらされ、小さな集落単位で少しずつ自治を獲得してきた連邦国家です。総面積は四万一〇〇〇平方キロメートルと九州とほぼ同じです。その中にさまざまな民族、言語、文化等が複雑に入り混じっています。公用語だけでもドイツ語、フランス語、イタリア語、ロマンシュ語と四つも存在する典型的なダイバーシティ国家です。日本と違って海もなく、国土の約七割はアルプスの山岳地帯です。めぼしい天然資源も見当たりません。しかも地政学的にはドイツ、オーストリア、フランス、イタリアなどのヨーロッパ列強に四方を囲まれています。平野が少ないため大規模な農業にも工業にも向いていません。このような厳しい環境の下、住民たちはずっと豪雪や土砂崩れなどの自然災害に悩まされながら、必死で生き延びてきました。

ほんの百数十年前までスイスという土地は、ほとんど誰からも見向きもされないようなヨーロッパの辺境地にすぎなかったのです。このような歴史的背景もあって、スイスでは今なお、飢えずに食べていくためにはどうするのかという地域経営に対する危機感が非常に高いと言えます。

そもそも自治体の枠組み自体が「共同体としてどうやって生き残っていくのか」という死活問題から出発しているため、その構成員である住民一人ひとりのレベルで危機感と責任意識が共有されています。自立していくことが原則であって、困っても誰も助けてくれないという感覚が骨身に染みているため、日本の自治体のように国からの補助金に頼ったり、地元に根付かないような（したがって、いつ出ていってもおかしくないような）大企業の工場や施設を誘致するという発想もありません。

スイスの人たちと関わっていて常に感じるのは、とにかく自力で生き延びるという強烈なサバイバル意識です。日本では「永世中立国」「平和主義」など博愛的なイメージが強い国ですが、その真剣さにおいて、彼らは日本人の想像をはるかに超えて貪欲かつしたたかです。

外部からの補助に頼らず、自分たちの力で食べていくには、何よりまず地域内の経済を自立させる手段が必要になります。それも一過性のものではなく、継続的に利益を生み続けるしくみでなければ意味がありません。町の中に雇用を生みだし、地域内におけるモノやサービスの取り引きが活性化することで、様々な分野の業者間でお金が加速度的に回り続けるしくみがあってこそ、共同体としての経済的な自立が可能になります。資源に恵まれず、国内市場も決して大きいとは言えないスイスの人たちにとって、観光産業はまさにその手段の一つなのです。

ツェルマットに限らずスイスでは、どんな僻地の小さな村にも観光局があります。これはスイス人が観光というものを単なる自治体のＰＲ活動ではなく、「雇用を作りだし、外部からお金を稼ぐ地域経済の柱」だと捉えているからです。めぼしい産業のない土地から観光のしくみがなくなってしまえば、仕事は激減し、経済活動はシュリンクして、人はそこで暮らしていけなくなります。そうすれば結局、自分たちにとって一番大切な「地域の持続可能な自立」そのものが危ぶまれてしまう。そんな悪循環の怖ろしさを彼らはよく理解しているのです。

英国富裕層によって「発見」されたアルプスの山々

もう少し詳しく、スイスが観光大国になるまでの歴史を振り返っておきましょう。

今でこそ世界中からたくさんの旅行者が訪れていますが、先ほども述べたようにスイスは長い間、ヨーロッパ内の辺境地に過ぎませんでした。外部から人が訪れるようになったのは、一九世紀も半ばになってから、きっかけはイギリスの貴族階級の間で「登山」が流行ったからだと言われています。

当時の大英帝国は、地上の四分の一近くを支配し、莫大な富を一手に集中させた絶頂期にありました。史上最強と言われた海軍力を背景に、工業、貿易、海運、通信から金融に至るまであらゆる分野で圧倒的な優位を誇り、「世界の津々浦々、イギリスの力が及ばぬ港はない」と噂されたほどです。もはや切り拓くべきフロンティアがなくなった時、お金と暇がたっぷりあって、かつ冒険心に満ちた貴族たちの関心は自然に海から山へ向かいました。彼らの名声と征服欲を満たす新たな対象として、いわばアルプスが「発見」され、四〇〇〇m級の山々の初登頂が競われたのです。

それまで放牧くらいしか生きる手段がなかったアルプスの人々にとって、これは千載一遇のチャンスでした。ときには雪崩や土砂崩れで集落が全滅するほど厳しい環境を生き延びてきた人たちですから、今の日本とは真剣さの度合いが違います。ロンドンという大都会で贅沢を満喫してきた異国からのお客様を、一体どうやってもてなせばいいのか。おそらく必死で知恵を絞ったはずです。

答えは、意外なところに見つかりました。きれいな水や空気、降りそそぐ陽光、新鮮なミルクやチーズ、生ハム――。当時の公害とスモッグの街からやってきたイギリス人たちを一番喜ばせたのは、都会では決して得られないゆったりした時間、自然と調和した素朴なライフスタイルそのものだったのです。

かくして英国の富裕層がアルプスを「発見」したのと同じように、アルプスの住人もまた、自分たちが本当に誇るべき価値を「再発見」したのです。当時のスイス人は、付け焼き刃の贅沢さを装うのではなく、ありのままで自分たちにできる精一杯のもてなしを考えました。今風に言うと「ライフスタイル自体を観光資源として商品化した」わけです。思うに、これは卓見でした。ここには冒頭で述べた「異日常」への志向がすでにはっきり現れています。また初めて迎えたお客様がイギリスのエリート階層だったことも、彼らにとっては幸運だったでしょう。当時、世界で最も進んだ知性と感性、教養を持つ富裕層と接する中で、サービスする側もその質を高めることができたからです。

目先の利益を追わず、「ハコモノ」を作らない

イギリスの貴族によりアルプスの四〇〇〇m級の山々が続々と登頂され、その後、バカンスを楽しむ長期滞在型の山岳リゾート地になったことで、観光・リゾート地としてのスイスの知名度は短期間で広がりました。誰も見向きもしなかった山間の土地が、美しい山岳リゾートとして世界中に知られるようになったのです。アメリカの文豪マーク・トウェインもツェルマットが大好きで、訪れた時の記録が残されています。常宿はホテル・モンテローザで、山岳ホテルのリッフェルベルクへ赴く際には彼の執事がコック達を含め、約一〇〇人のスタッフを集めたことであまりにも同行者が多くなり、その

分の食料やテント、マット等も全て持参したそうです。

やがて利用収入による利益が地域に蓄えられ、山岳リゾートとしてのインフラも徐々に整備されていきます。スイス人に先見の明があったのは、ここで目先の利益に走らず、どうすれば都市生活者であるお客様にもっと喜んでもらえるか、また来てもらえるかを真剣に考えたことでした。

やみくもに施設を作って人を呼び込んでも、それが地域の本当の魅力を損なってしまったら元も子もありません。「アルプスの山々」という素材を最大限活用しつつ、自分たちのライフスタイルも維持するにはどうすればいいのか――。彼らはなけなしの資金を出し合い、共同体に利益をもたらすものを慎重に選びながら少しずつ投資を重ねていきました。例えばツェルマットでは、最初のホテルは個人が村内に建てましたが、二軒目は一八五三年に住民たちの手でマッターホルンが間近に見える標高二五八二mの山腹に「リッフェルハウス」という名で建築されました。その後、今でもツェルマットのフラッグシップホテルとして有名な五ツ星の「グランドホテル・ツェルマッターホフ」を建てました。当時のお客様である富裕層が絶対に泊まりたくなるような眺望の良いロケーションと最高のサービスで「非日常の空間」を提供する――。何気ない宿泊施設の立地からも、当時の人たちが必死で思い描いた戦略が見てとれます。

その上で山岳鉄道やロープウェイを敷設して、女性や子供も楽しめるように安全なハイキングコースが整備されていきました。実際、この村の成り立ちを知れば知るほど、住民が長い時間をかけて積み重ねてきた努力と工夫が浮かび上がってきて、今でも驚かされます。もちろんハード的な設備への投資だけでなく、人材の育成にも力を注ぎました。再びツェルマットを例に取ると、当時の人たちはまだ満足な宿泊施設もない段階で、お金を出し合って地元の青年を都会の学校に送り出しています。そうやって最新の経営手法と都会的なセンスを身に付けさせ、戻ってきたところでホテルの経営を任せてみる。こうやって、ハードだけでなくソフト面の近代化も進めていきました。同じようなエピソードは、ツェルマットだけでなくスイス中の観光・リゾート地に山のようにあります。

このようにスイスの観光産業は、まず何より地域の生き残り戦略としてスタートしました。「観光＝サバイバルの手段」というはっきりした目的意識があるため、自分たちの価値（外の人を呼び込む魅力の本質）を維持することや利活用することにおいて、彼らはきわめて意識的です。また、観光関連事業者だけでなく地域内の幅広い事業者に利益を還元するために、外資の資本受け入れにも慎重です。実際、チューリヒやジュネーヴ、ベルン、バーゼルなどの大都市は別として、スイスの地方で大資本のグローバルホテルチェーンが入ったところや地域のフラッグシップに外資系ホテルがなっているところはほとんどありません。資本や経営だけでなく、多少コストが高くついても必要な資材はできるだけ地元で調達し、住民がお互いに支え合う。このような手法によって、スイスは観光・リゾート地としても独自性とクオリティを保ってきました。

国そのものをブランド化

さらに重要なのは、スイスの人たちが観光だけでなく、自国の産業構造そのものを高収益体質に作りかえてきたという事実です。国内人口が約八二四万人と市場規模が小さく、しかも立地や資源にも恵まれないという悪条件の下で一定のビジネス水準を維持するためには、観光・サービス業だけでなく製造業においても付加価値を高め、顧客を増やしていくしかありません。今でこそ当たり前の認識ですが、彼らは早くからそのことに気付いていました。

日本でも有名なヴァシュロン・コンスタンタン、パテックフィリップ、ブレゲ、オーデマ・ピゲなどの高級時計メーカーは、その最たる例だと言えるでしょう。物量で勝負せず、職人技で最大限の手間ひまをかけてモノとしての価値を高めています。それぞれが美意識の高いユーザーのみをターゲットとし、決して価格競争に踏み込まず、特定製品ではなくブランドそのものに価値を認めてもらう囲い込み戦略。これら有名メーカーの方針は、どれを取っても富裕層やリピーターを最重要視するスイスのビジネスのあり方に通じています。

精密機械だけに限りません。高級チョコレートのような食品から、製薬、金融、各種サービス業まで、規模よりも利益率を重視する高収益体質は、どの分野にも共通しています。たしかに一〇〇〇円の時計を一〇〇〇個売っても、一〇〇万円の高級時計を一個売っても、見かけの売上額は変わりません。しかし、実際に手元に残る利益は後者の方がずっと大きくなります。市場も小さく資源にも恵まれない国にとって、どちらのやり方が適しているかは明らかです。

注目すべきは、このような「高品質・高付加価値体質」と共に質的向上を続ける経営体質も確立したことです。スイスには「スイス・クオリティラベル」という品質保証制度があるのですが、これは調査時のみの評価ではなく、お客様の満足度を高めることを前提に日々経営努力を続けている企業や組織ほど評価されるシステムです。ミシュラン並みに覆面調査もあり、高評価にあぐらをかき続けることはできません。現在、QIからQⅢまでの三段階あるのですが、お客様から見ても企業努力が可視化されたとてもわかりやすい評価制度になっています。

スイスのあらゆる企業や地域が弛《たゆ》まない質的向上を目指し、あらゆる商品、製品、サービスの品質の良さを通じて、お客様や市場との信用・信頼関係を構築しています。この関係を保持していることがスイスブランドを担保しているのです。多くのスイス製の商品や製品にはスイスフラッグがアイコンとして付いています。国旗そのものがブランドアイコンになっている国はスイスぐらいではないでしょうか。それだけ国全体で戦略的なブランド化を進めていることもわかります。そして、その根底にある強さがスイスのQOLなのです。

スイスを訪れた人たちは、現地で質の高いサービスを受け、質の高い商品、製品を購入し、国民の豊かなライフスタイルを身近に感じてそれぞれの国へと帰ります。そうやって好ましい評判が世界中に広がるほど「スイス＝高品質」という印象が醸成され、モノやサービスに対する信頼度が高まります。その結果、上述した通り「赤地に白十字」の国旗印が入っているだけで、スイス製の商品、製品は良いものであると信用され、たとえ値段が高くても売れるようになるわけです。

スイスではあらゆる業種が観光産業と連携したマーケティングを行っています。いわば高品質と環境の良さなどの相乗効果によってブランド価値を高めてきたのです。それを長期間きわめて意識的に徹底することで、グローバルな価格競争が激化する現在でも、国全体で高い収益性を維持しているのです。その結果として、国際評価としてもスイスは長年にわたって、国際競争力、技術革新力、国際観光競争力等で世界一の地位を保ってきているのです。

このようにスイスでは、あらゆる産業が質的向上を続けることで「国そのもののブランド化」に成功してきました。その確固たるブランドと継続したマーケティングによってリピート効果を最大限に引き上げ、国全体で世界中からＣＬＴＶ（顧客生涯価値）を得る努力をしているのです。

この構図は、自治体レベルでもしっかり機能しています。どんな小さな村や町でも、ブランディングとマーケティングは地域経営の柱に位置付けられています。しかもそこでは、住民生活の満足度が高まるほど地域のブランド価値も高まり、結果としてリピーターの数も増えるという好循環のシステムが確立されているのです。

日本の観光地がダメになった理由

ところで、観光立国を自負している日本の現状はどうでしょうか。

各地を回って地域再生のお手伝いを続ける中でいつも痛感するのは、観光ビジネスに携わる方々の危機感の薄さです。経営感覚の無さと「食うに困っていない人」が多いことが、危機意識を鈍らせていると思えてなりません。もちろんシビアな現状を嘆く声はたくさん耳にします。ただ、そういう方が問題の本質を見据えているとは限りません。むしろ現実を直視せず、お客様が減った理由を景気や他のせいにしてしまう人が少なくありません。

たしかにバブル崩壊から二〇年以上で国内旅行の市場規模は大幅に縮小しました。しかし、他の娯楽産業と比べてみても、その落ち込み方は突出しています。例えば二〇〇八年のリーマンショックは多くの業界に深刻な影響を与えましたが、こと観光については必ずしもそこで大きく落ち込んだわけではありませんでした。より長期的に検証すると、国民一人あたりの宿泊数・消費額ともに、九〇年代の初頭をピークにずっと右肩下がりを続けています。要はこの約二〇年間で、娯楽やレジャーの選択肢としての国内旅行はお客様から見放され続けてきた。であれば日本の観光関連事業者は、景気のせいにせず、そのわけをもっと真剣に考える必要があるはずです。

日本の観光地はなぜダメになったのか？　私に言わせれば、理由ははっきりしています。まず一つは、一見《いちげん》のお客様を効率よく回すことだけを考え、満足度やリピーターを獲得する努力を怠ってきたことです。とりわけ高度経済成長期からバブルにかけて団体客で賑わった観光地では、この傾向が顕著であると言えます。

かつて日本の観光業界では、旅行会社と旅館やホテル、お土産物屋、運輸業者などががっちりと手を結び、一種の利益共同体を形成していました。旅行会社が送り込んでくれる団体客にお決まりの食事を出し、いっせいに布団を敷いて眠ってもらえば、とりあえず利益が確保出来たのです。古い事業者の中には「自分たちもそうして経営努力を重ねてきたんだ」とおっしゃる方もおられます。しかし、あえて厳しい言い方をすれば、それは結局のところあてがわれたお客様を右から左へ捌いていただけにすぎません。たしかに作業としては目が回るほど忙しい時期もあったでしょう。しかし、その作業はお客様の満足度をとことん追求して再度訪れてもらうという、本当の意味での経営努力ではなかったはずです。夜が明けるとなるべく早く朝食を用意して、「さあ出ていってください」とばかりに仲居さんが布団を上げにくるような旅館がいまだに残っています。それらはすべて事業者側の都合であって、お客様の都合ではないのです。そんな扱いを受けたところに再び泊まってみようと思うお客様などいるわけがありません。

寂れた観光地に君臨する「頭の硬いエライ人」

選ばれ続けるというのは、実に大変なことです。これだけ選択肢が多様化した時代、普通の「満足」ではなく「大満足」していただけない限り、お客様は二度と戻ってきてくれません。私が住むツェルマットでも、村内のフィールド全体を駆使し、四季を通じてお客様に素晴らしい経験や体験をしてもらえるように、常に新しい工夫を考えています。リッツ・カールトンやコンラッド等の上質なホテルからディズニーランドのようなテーマパークでも、サービスが世界的に評価されているところは例外なく、五段階評価ならばトップボックスにチェックを付けてもらうためにあらゆる努力を払っています。

残念ながら日本の観光・リゾート地のほとんどは、そういった厳しいリピーター獲得競争を知らないまま、ひたすら一見客だけを相手に商売を続けてきました。特に高度成長期からバブル期、近年までずっと一泊だけの団体客メインでやってきたために、せっかく二泊、三泊と連泊を希望している個人のお客様に対して、二泊目以降の夕食を出せなくなってしまう旅館やホテルが未だに存在しています。もしくは、そういう個人客にも団体用のビュッフェスタイルの食事でごまかしています。

経営的に見ればどう考えても長期滞在者の方がありがたいはずなのに、そういう一番大切な顧客を満足させるノウハウを持っていないのです。このことは、日本の観光業界において「リピーターあってこそのサービス業」というビジネスの常識すら共有されていない証拠と言えます。

昔々、画一的な団体旅行が主流だった時代は、それでも問題なかったかもしれません。しかし、これだけ価値観が多様化し、インターネットでいくらでも情報が得られる時代、その手法が通用しないのは明らかです。実際、宿泊者数ではなく消費額ベースで見ると、団体客のシェアはすでに全体の約一割です。つまり業界の売上の約九割が、今では個人によって支えられています。しかし、そういう現実は理解していても、古いタイプの事業者というのは自らマーケティングをしてきた経験もありません。そもそも自分たちの魅力について真剣に考えたこともないため、どういう層のお客様にどのような商品提供や情報発信をすればよいかも分からないのです。その結果、やみくもな価格競争に巻き込まれてしまうケースが多くなってしまうのです。
さらに困るのは、寂れた観光・リゾート地ほど、そういった老舗旅館や大型ホテルの経営者が、地元観光協会や観光連盟のトップや役員などに君臨していることです。

既得権にどっぷり浸かった古株の中には、自分たちの無策を棚に上げて、お役所から予算を引っ張ることしか頭にない人も多々います。観光産業を狭い枠でしか捉えられず、社会全体の中に位置付けることができないため、お客様から見放された真の原因を見抜けていません。中には「景気が上向くまでじっとがまんしていればまた浮上できる」とか「そのうち、増え続けている訪日外国人の団体を旅行会社が連れて来てくれる」と本気で思っている人もいます。最近の悪い傾向としては、訪日外国人旅行者が劇的に増えていることで、一部の宿泊事業者に新たな勘違いが起きつつあります。決して彼らの必死の願いが叶ったからお客様が増えているわけではないのですが……。彼らは近い将来に同じ轍を踏むことになるでしょう。その頃には経営者が世代交代していることに期待したいと思いますが、それまでに倒産や廃業に追い込まれていないとも限りません。

「観光でまちおこし」の勘違い

日本の観光・リゾート地がダメになったもう一つの理由は、住民の生き生きしたリアルな生活がお客様には全く見えず、体験する機会もなかったことです。

これまで多くの事業者は、目先の業界利益だけにとらわれて、本当に魅力ある地域づくりには取り組んできませんでした。行政や観光協会主導でイベントを企画したり、いわゆるハコモノの建設を働きかけることはあっても、幅広い業種と連携して地域全体に利益をもたらすような発想は希薄でした。それではいつまでたっても他の産業事業者や住民の意識は高まらず、訪問者にもう一度戻ってきたいと感じてもらえるような地域へ育てることもできません。

講演などで地方を訪れた際、まず最初に私がお話しするのは、「そもそも観光だけではまちおこしはできない」ということです。自治体の担当者から「何か派手な観光イベントを仕掛けて地域活性化の目玉にしたい」というような依頼をいただくことがあるのですが、実際はむしろ逆で、本当の意味で地域が良くならない限りは観光地としての再生もありえません。何度でも訪れたくなる「強い観光地」の基礎となるのは、そこで暮らす人たちの豊かなライフスタイルです。そこにリアリティを持たすためには地元ならではの生活文化や伝統風習、自然環境や景観の良さ、地場産業が提供する本質的な価値に裏打ちされたきめ細かな商品や製品、サービスの提供が大切になります。

そのためにはまず、その地域が持っている「本来の魅力、本当の宝」をしっかり洗い出す必要があり、地元が持つ哲学や思想、美学も継承しなくてはなりません。だからこそ、観光関連事業者だけでなく、農林漁業や商工業に関わる事業者の方々やNPO、市民団体から一般住民まで、幅広い層の人々が主体的に参加しているかどうかが重要になります。そして、地域経営という視点から地域全体を最適化するようなドラスティックな発想転換が不可欠です。但し、多くの人々が関わったとしても、地域に対して何の思い入れや意識も無く、全く勉強もしていない人が集まるだけでは何も起こりません。逆に余計なグループワークや合意形成に時間ばかり取られてしまうことが足かせになってしまうこともあります。

少数でも自分の頭で考えて行動出来る住民が「このままでは町全体がダメになる」と危機感を共有し、地域内のあらゆる産業事業者との連携を取り始めれば、その地域は確実に変わります。そして、長続きのポイントは「やっていて楽しい」です。辛いことだけをやっていてはダメで、本当に楽しいことがないと続きません。前向きに動き始めている地域では、観光とはまるで関係なかったお母さんたちが地元の食材を使った新メニユーを考案していたり、子供たちが町歩きツアーなどのガイド役を買って出たりしていて、これまでにない関係性の中で楽しみが生まれ、その結果ファンも増えています。

もちろん、複雑にもつれ合った地域のエゴと利害の糸を解きほぐし、コンセンサスを形成するのは簡単ではありません。しかし、現場に出て、様々な当事者と膝をつき合わせてみると、その地域が本当に抱えている問題が何なのかということも見えてきます。住民と対話を重ね行動を共にしているうちに、その中から本当にやる気のある人たちと将来に向けた活動を続けることが出来るようになります。そして、そのような事業は確実に稼げる仕組みとして育っていきます。こうして、どんより停滞していた町を少しでも地域で稼げるように変えることが出来れば、五年ぐらいの時間をかけて地域内の生産年齢人口を増やすことも可能です。何より嬉しいのは、その過程で住民が自分たちの地元に対する愛情と誇りを取り戻していくことです。

「人手がかかる産業」を大事にせよ

今の日本は、スイスとはまた違った意味で、本気で生き残りを考えなければならない時期に来ています。政府の政策に反して景気はなかなか良くならず、かつてないペースで少子化が進む中で、国内市場は急速にシュリンクしていきます。その中で地方が生き残っていくためには、かつてスイスがそうであったように外部から積極的にお金を呼び込み、それを地域内で循環させ、稼げる事業者を増やし、雇用を生みだすという仕組みが必要です。

これまで、地方の産業振興・雇用創出というと、工場誘致が主でした。しかし実際には、大企業を誘致したからといってその地域が良くなることはありません。オートメーション化が徹底され、ほとんどの作業をロボットがこなしている現在、工場が地元の人たちを雇う余地は激減しています。多少税収は上がったとしても、雇用には直接結びつかないのが現実です。実際に人が働き、稼ぐことで消費も促され、税収も伸びなければ地域は存続出来ません。

観光というのは、いい意味で手間ひまがかかる産業です。旅館・ホテルの従業員からお土産物屋の店員、各種ツアーガイドまで、流行れば流行るほど人手が必要になる。産業として直接雇用に結びつくのがメリットです。また、外貨獲得と地域内のキャッシュフローを活発化させるのにも効果的です。これから先、日本がヨーロッパなみの成熟した先進国家であり続けるには、観光・サービスを重要産業と捉え、それを発展的に伸ばし、他産業へ効果的に波及させることを真剣に考えなくてはならないのです。

実際、グローバルな規模で見れば、観光は世界のＧＤＰ（国内総生産）の約一割を占める巨大産業です。とりわけ先進国では地域を支える重要な産業として機能しています。一方、日本のＧＤＰにおける観光産業の割合はまだ五％以下です。私たちの国は、この分野ではかなり立ち後れているというのが現状でしょう。逆に言えば、「まだまだ伸びる余地はある」ということです。

もちろん、地域の未来を選ぶのは住民です。私がどれだけ本質的な地域経営を語ったとしても、そこに住む人たちが観光という外貨獲得手段に心から魅力を感じていなければ、絵に描いたモチにすぎません。とはいえこれからの時代、住民一人ひとりが本気で地域や共同体のあり方を考え、時代の変化にコミットしていかない限り、地方は生き残れません。これもまた事実だと思います。そして、その重要な柱として観光という手段を選ぶのであれば、最も参考とすべきロールモデルはやはり、スイス人の持つしたたかな地域経営ではないかと思うのです。

第2章　地域全体の価値向上を目指せ

キャパシティを増やさず、消費額を引き上げる

冒頭でもご紹介したように、マッターホルン山麓に位置するツェルマットは人口が約五七〇〇人の小さな村で、都市部や空港等からのアクセスが良い場所でもありません。宿泊施設の規模も限られています。現在、一二〇軒のホテルがあり、ベッド数は約六八〇〇。これ以外に「シャレー」「ホリデーアパートメント」と呼ばれるコンドミニアム型施設がありますが、その部屋数は約七〇〇〇（ベッド数は約二万二〇〇〇）です。土地が限られていて制限が掛かっているために新規大型ホテルの建設や大規模な増改築も難しく、地域全体の宿泊キャパシティはこの数十年ほとんど変わっていません。

この小さな村に、年間約二〇〇万泊のお客様が滞在されています。単純計算でも、村の人口と同じぐらいのお客様が、連日泊まられているわけです。ツェルマットではオフ

シーズンに多くのホテルがメンテナンスのため休業するので、営業日あたりの実質稼働率はさらに高くなります。

また二〇〇万という数字が訪問者数ではなく、宿泊者数であることが重要です。後述するように、ヨーロッパを始め世界の観光統計は全て「延べ泊数」が基本です。日本でよく用いられる「入込数（宿泊・日帰りを区別しない単純な来訪者数）」は単に通りすぎた人も数えてしまいますが、ヨーロッパでは日帰りの訪問者は基本的にお客様としてカウントされません。

さらに注目すべきは観光・リゾート地としての収益性の高さです。宿泊キャパシティは増えていないのに、ツェルマット地域全体の売上は今でも伸び続けています。宿泊者数を増やすことで稼働率を高めることは物理的にできないので、売上を伸ばすためには、サービスの質を一層向上させ、リピーターの満足度をさらに高め、お客様一人あたりの消費額＝客単価を引き上げるしかありません。ツェルマットでは地域内の事業者はたとえ同業者であったとしてもお互いが上手く連携しながら住み分け、切磋琢磨することで質的向上を図りながら個々の経営努力を続けています。その結果として全体的な売上を押し上げているのです。それぞれの民間事業者が経営努力をするのは当たり前なのですが、ツェルマットには地域全体の経営を推進している組織も存在します。

ブルガーゲマインデという地域経営組織

スイスの各市町村における地域経営の基盤となっているのが「ブルガーゲマインデ」と呼ばれる組織です。ブルガーとはドイツ語で市民・住民のことです。役所や役場のような行政機関とは違う住民主体の独自組織なのですが、強いて訳すなら「住民自治経営組織」のようなニュアンスでしょうか。

かつてスイスの山岳地方は貧しく、満足に働ける場所がありませんでした。そこで住民同士が協力して自分たちの持つ土地や資源を活かすことで新しい仕事をつくり、地域全体の経営をするための組織として始まりました。そもそもスイスに限らずヨーロッパの地方都市には、近代以前から続く自治組織の伝統が根強く残っています。ツェルマットのブルガーゲマインデも四〇〇年以上もの歴史を有し、村の基本的な経営方針を決めるにあたっては、今でも大きな影響力と権限を持っています。

現在でも観光・リゾート地としてのツェルマットの経営の中心的な役割を果たしているのが、実はこのブルガーゲマインデです。もちろん行政機関としては村役場の役割も大きいのですが、行政主導ではなく、官と民がそれぞれフラットな立場で地域にとって最もメリットのある方向性で運営を進めています。ブルガーゲマインデと村役場が両輪となり、地域内の幅広い業種・分野の意見を反映させ、連携も密接に取ることで地域経営を潤滑に機能させているのです。

またブルガーゲマインデは、地域の共有財産（山や森、放牧地等）の維持管理だけでなく、地域全体の経済的な価値を高め、収益性を向上させる役割も担っています。ブルガーゲマインデが一〇〇％出資した「マッターホルングループマネージメントＡＧ（株式会社）」は地域を代表する民間企業として多くの事業を展開しています。例えば、ツエルマットで一番有名なフラッグシップホテル「グランドホテル・ツェルマッターホフ」は、もともと住民が乏しい資金を出し合い、更には自らの労働力を提供してブルガーゲマインデのメンバーが中心となって建設したものです。現在はこのホテルだけでなく、山岳ホテル「リッフェルハウス」やゴルナーグラート山頂にある「クルムホテルゴルナーグラート」、その他にも多くの山小屋レストラン、バー、売店等を経営していま す。また、村内のロープウェイ・リフト等の索道会社には出資という形で経営参画しています。ブルガーゲマインデそのものが直接経営に乗り出すのではなく、各会社の株を持ち、それぞれの経営に大きな影響力を持っていますが、いずれにせよ住民主体の組織で運営の方針を決め、地域にとっての利益を最大化させ、雇用を確保しているわけです。

このブルガーゲマインデこそ、スイスにおける地域振興のカギだと言えます。実際、日本から視察に来られた方々が一番感銘を受け興味を抱かれるのは、必ずと言っていいほど「地域経営のしくみと組織としてのブルガーゲマインデ」です。

地域振興で重要なのは、その土地に住んでいる人が自ら責任を持って決断、実行できるしくみです。その意味では、今後の日本の観光ビジネスのみならず、地方創生時代の地域の経営を考える上でも、ブルガーゲマインデのあり方は参考になると思います。

足の引っ張り合いを避け、地域全体の価値向上を

ブルガーゲマインデの特徴は、幅広い住民が立場を超えて集まり、「地域の利益・利潤の最大化」と「より良い地域として将来世代へ引き継ぐ」という目的のもと、地域内連携を取る重要なプラットフォームとして機能しているところです。その根底には「地域住民の幸せと社会の豊かさを目指す」というコンセンサスがあるため、取り組みは目先だけの利害関係を超えた長期的な視点を持った創造的なものが中心になります。

このような考えや価値観はブルガーゲマインデだけでなく、マッターホルングループマネージメントＡＧやツェルマット観光局、個々の事業者等、ツェルマット内のあらゆる組織、団体等にも根付いている経営意識でもあります。そして、地域全体で何かを実行する時でも、必ず一致団結して方向性を見失わずに進めることが出来る理由でもあるのです。これらのことはツェルマットが長年にわたり、地域経営としてＣＳＶ（Creating Shared Value：共通価値の創造）活動を続けてきた証と言えます。

どこでも地域全体で何かに取り組もうとした場合、必ずと言っていいほど出てくる問題が同業他社同士による足の引っ張り合いです。「自分のところにはお客様が来て欲しいけど、他のお店や宿には行って欲しくない」という考えですが、この考えをそれぞれの事業者が持っている間は地域全体の魅力を高めることは決して出来ません。だからと言って、行政が主導する宣伝や広報のように全てを平等に扱おうとするあまり、経営努力をして素晴らしいサービスを提供しているところと全く何もしていないところを同じように扱うのは愚の骨頂です。それぞれが地域内で住み分けながらそれぞれのポジションを活かした経営をすることで、全体が盛り上がらなければ意味がありません。

もちろんツェルマット内にも厳しい競争は存在します。はっきりした競合関係にあるお店も少なくありません。しかし彼らは、まずは地域全体の利潤を高めないと、個々のビジネスも潤わないことをよく理解しています。

ツェルマットで暮らしていると、地元で助け合うという意識がすみずみまで浸透しているのを肌で感じます。例えばオフシーズンにホテルを改装・改修する際も、彼らは基本的に地元の工務店以外は使いません。そして自分たちでできない部分のみ、その地元の工務店を通して大きな建設会社に依頼するのです。また、そういう工事や公共事業の現場では新人のインストラクターやガイドが働いているのですが、彼らにとってはオフシーズンの貴重な収入源でもあるのです。以前、私と同じ年にデビューしたスキー教師の友人は重機免許を持っていたので、春や秋のオフシーズンになるといろいろな工事現場で活躍していました。ハイキングコースやスキー場の整備などを担当することでフィールドのこともよくわかるようになったとも言っていたので、ガイドとしても良い経験になっていたと思います。ちょうど、ツェルマットで働き始めた頃でしたから、その光景を目にして、「なるほど、地域が観光で食べていくというのはこういうことなのか」と感心した記憶があります。

地元で買う、地元を使う

レストランで使う食材やホテルの備品にしても、「地元で買う・地元を使う」の思想は徹底しています。多少コストが高く付いたとしても、地域内でお金を使ってキャッシュフローを活発にした方が、結局は地元のためになる。この考え方はツェルマットが観光・リゾート地としてスタートした一九世紀末から一貫して変わりません。もちろん、質が悪いものを扱うと厳しく指摘されますから経営努力を怠ることは出来ません。

今、日本の観光・リゾート地に一番欠けているのが、この「地域内でお金を回す」という意識ではないでしょうか。特に近年は、目先の価格競争に気を取られ、一円でも安い業者から食材・資材を購入しようと躍起になっている事業者が増えています。しかし、そうやって無理に利益を出しても、地元の生産者や業者が倒れてしまえば、結局はその地域の活力そのものがなくなってしまいます。

象徴的なのが、地方のシャッター商店街です。かつて店主たちは、基本的に店の二階に住んでいました。近隣住民だけでなく、商店街の住人たちが互いに買い物をすることで地域経済を支えていたわけです。ところがバブル以降、小金を手にした商店主たちは郊外に家を新築し、大型ショッピングセンターで買い物をするようになってしまいました。住人が買い物をしなくなると商店街は一気に衰退します。商店街から活気が失われると地域の魅力も薄れ、さらに人が寄りつかなくなります。まさに悪循環です。しかも、地権者の多くがマンション・アパート、駐車場の経営などの収入で生活費が確保された途端、生活に困っていないために自分の努力でお店のシャッターを開けようとしなくなります。こういう地権者が多くなると、商店街は一気に寂れます。

どのような方法であれ、まちおこしをしようと思ったら、まずは住んでいる人が「真の豊かさ」を感じられる地域を目指すことです。そのためには、地域のやる気がある人々が少数でも良いので団結し、目先の利害を超えて「一緒に稼ぐ」ことを前提に、域内利潤を最大化させる活動を始めることです。地域が一つになる方向で頑張らないと利益もお客様も増えません。

スイスのブルガーゲマインデが力を発揮するのは、まさしくそのようなシチュエーションの中で機能するしくみを持っているからだと言えます。もちろん、日本では最初から地域全体が一〇〇%一緒になるような合意形成はほとんど無理なのですが、それでも地域の将来や全体のことを考える、やる気のある住民や事業者が集まって動き始めなければ何も始まらないのも確かです。ブルガーゲマインデのようなしくみと組織化がすぐに出来ないにしても、それぞれの地域が目指すべき姿を達成するための理想的なしくみを考え、組織化を図ることは必要なことなのです。

スイスの観光局は自主財源を持った独立組織

ブルガーゲマインデが「立場を超えた住民が主体的に参加するパブリックなテーブル」とするならば、そこで決まった方針に基づいて、具体的なマーケティングとブランディングを手がけるのが観光局です。例えばツェルマットの場合、観光局長をトップにマーケティング課、スポーツ・カルチャー・イベント課、インフォメーション課、総務課の四つの担当部署が組織内に置かれています。

日本との大きな違いは、自主財源を持った独立組織だということです。観光局自体は行政傘下にはありませんが、「観光税」と「観光促進税」が直接的な収入となり活動資金になっています。観光税はいわゆる宿泊税のことで、一泊一人あたり二・五フラン（約三〇〇円）です。ただし、この財源は観光振興のための目的税なので、直接お客様に還元される分野にしか使えません。具体的にはウェブでの情報提供、パンフレットの製作・郵送費、ハイキングコースの整備、休憩用ベンチの設営費などです。もう一つの観光促進税は、村内で働く就業者の観光従事度に対して全ての企業から徴収される税金で、観光依存度が高い業種ほど税率も上がるしくみになっています。ちなみに、予算総額は日本円で約九億円です。人件費が占める割合が多いですが、予算のほとんどはマーケティング費用です。

ツェルマット観光局のインフォメーション・カウンターでは、一般的な情報提供や宿泊手配などが主業務です。私も以前ここでカウンター業務を担当していました。これとは別に「スノー・アンド・アルパインセンター」というスポーツアクティビティに特化したオフィスがあり、スキー・スノーボードスクールや山岳ガイド協会の総合窓口になっています。そして、この二つの組織は密接に連携しています。

インフォメーション業務で最も重要なのは、お客様にミスマッチを起こさせないことです。これは、かつて私がカウンター業務をしていた際にも細心の注意を払うように指導されました。満足度の高いサービスを供給するためには、予算や家族構成なども含め、お客様が求めているニーズをしっかり把握することが不可欠です。

もう一つ、サービスをする側の都合を決して優先させないことも大切です。日本の観光協会や案内所は観光サービスを提供する一元化された窓口になっていないため、現地発着型プログラムやツアーの予約を未だに受け付けないところが少なくありません。しかも、何故か日・祝日には窓口がお休みのところが多く、利用者のことを全く考えていない体制になっています。目の前のお客様をみすみす取り逃がしているわけです。

　現在、ツェルマットの全体的な観光戦略は五年毎に立案されています。観光戦略委員会は村内にある六つの組織、団体で構成されています。それは、ブルガーゲマインデと村役場、ツェルマット観光局、宿泊事業者協会、ロープウェイ会社、登山鉄道会社です。委員会では、これまでの事業総括から新しい目標指標が示され、事業計画が立てられています。

自然と調和した景観を保持

　次は、環境面について見ていきましょう。

　小高い丘の上からツェルマットを見下ろすと、村全体がほとんど同じシャレータイプの建物で統一されているのが分かります。いかにもスイスらしいまち並みや美しい景観を保つため、住民はいくつもの条例や自主ルールを定めてきました。

　例えば、基本的なルールとして、建物の高さは一九メートル以下、外壁の三分の一以上は必ず木材を使用、色は原則三色まで等々という決まりがあります。新しく建物を造る場合もご近所とまるで異なる形状や外観にすることは出来ません。

また乱開発を避けるため、遊休地の大部分は村やブルガーゲマインデが買い上げています。近年多少の法改正はありましたが、この条例によって統一感ある古いまち並みが維持されています。電線は埋設され、電柱はありません。通りの見通しをよくするため看板はほぼ縦長のものに統一されています。また、ホテルやレストランはもちろん民家の窓辺にもゼラニウムを中心とした季節の花が飾られているのも、訪問者の心を和ませています。こういう自発的な心遣いからも、ツェルマットの人たちの村に対する思い入れが見てとれます。

観光・リゾート地では、外から持ち込まれるゴミも多くなるため、公共スペースを清潔に保つように工夫されています。清掃担当者は季節を問わず、早朝から一日中村を掃除しています。冬の除雪も基本的に二四時間対応です。またヨーロッパではバカンスに愛犬を連れて来るのが当たり前なので、村内のあちらこちらにフンを回収する袋の箱が設置されています。ゴミ箱のデザインもユニークで、できるだけ景観を壊さないように工夫されています。

ツェルマットには夏季に使われる全長約四〇〇キロメートルのハイキングコースがありますが、ここでも環境への配慮が細かくなされています。動植物の保護、保全のために人が立ち入れない地区から利活用に制限をかけるなどのゾーニングがはっきりとされています。森林限界までの場所では動植物の保護地区として指定される範囲が多く、ハイキングコース内外の利用から氷河上まで厳格なルールが決められています。ツェルマットでは山頂やフィールド内でのトイレ問題にも早くから取り組んできました。約四〇年前には各山岳ホテルやレストラン等でほとんどが水洗式のトイレが完備され、三〇〇〇mの高地から町の地下にあるヨーロッパ唯一の地下下水処理場まで配管されています。三八二〇mにあるクラインマッターホルンのレストランや山小屋の一部では汚水を完全再利用できるシステムを持ち、一切、垂れ流すことはしていません。

このようにツェルマットでは、「エコツーリズム」という言葉が普及するずっと前から自然環境への配慮を徹底してきました。車の乗り入れ禁止から電気自動車の導入、トイレや下水処理場整備、利用収入から環境保全にフィードバックする資金メカニズムなど、その活動と歴史は自然との共生そのものと言っても過言ではありません。

馬車と電気自動車がもたらす「異日常」

「馬車と電気自動車の村」というのはツェルマットを語る上で外せないキャッチフレーズであり、それによりもたらされるクリーンで静かな環境自体が、今日では重要な地域の観光資源にもなっています。

もともとこの規制は、地域住民が自分たちにとって大事な自然環境と生活を守るために導入したものです。景観条例や、自前の小水力発電・太陽光発電事業についても言えることですが、まず自分たちのライフスタイルがあり、次にその価値を資源として最大限に活用するしたたかさがあります。この地域に対する保全・保護と利活用の考えがしっかりしているからこそ、生活に根付いたリアリティが生まれるのです。

電気自動車は、個人では所有できません。ホテルやレストランなど事業者単位でしか持てないよう規制されています。施設のバックヤードなどにコンセントが設けられ、そこにプラグを挿し込めば簡単に充電が可能です。製造やメンテナンスは、村にある二社のメーカーが請け負っています。どちらも家内制手工業を思わせるような小さな工場で、見学に行くと職人による手作り風景に出会えます。

日本の感覚では、なぜ大手の自動車メーカーに依頼しないのか不思議に思うかもしれません。しかし六〇年代に電気自動車を導入する際に、ツェルマットの人たちは「外注するよりも、自分たちで手作りした方がビジネス的にメリットが大きい」と考えました。モーターとバッテリーがあれば手作り可能なローテクなものなので、製造から整備の全てを自分たちでこなせると判断したのです。そうすれば一台の製造コストはそれなりに高くても（一台、約八〇〇万から一〇〇〇万円します）、自分たちでメンテナンスして長持ちさせるのでランニングコストは安く抑えられます（一九六五年に放映された「兼高かおる　世界の旅」に登場した電気自動車も今でも現役で走っています）。また、一台ずつが発注者のニーズに合わせたオーダーメイドになるので、使い勝手がよく長年愛用（耐用年数は五〇〜六〇年）することになるのです。さらに、国内外でカーフリーリゾートが増えてきた際には、外販することも可能です（現在、スイス国内にはツェルマット以外に八ヶ所カーフリーリゾートがあり、それらの地域へ電気自動車を販売している）。

ツェルマットは州内にある欧州最大の高低差を持つダムの水源になっていることから、エネルギーに関しては恵まれた環境にあります。また、山小屋の屋根の一部にも目立たない形で太陽光発電パネルが埋め込まれ、山頂でのエネルギー供給を補っています。ローテクでも手作りにこだわるのは、やはり「自前のエネルギー源もなければ電気自動車の村など作れない」という意識が徹底しているからです。このようにカーフリーリゾートという側面を取ってみても、電気自動車の製造・メンテナンスからインフラ構築、運営ノウハウ、エネルギー確保までの全てが地域内で完結しています。ここでもブルガーゲマインデと役場の双方が政策や施策、事業化に対して大きな役割を果たしています。

「時間消費」を促すことが「地域内消費額」をアップさせる

限られた物理的キャパシティの中で売上と利益を伸ばすためには、客単価を引き上げることが条件となります。但し、お客様に対して無理やり消費を押し付けるような手法は反発を招くだけで結局うまくいきません。

観光・リゾート地の収入源というと「宿泊」「食事」「物販」の三大要素がすぐ頭に浮かびますが、お客様一人あたりの消費額を高めるには、むしろ一分一秒でも長く「時間を使ってもらう」発想が重要です。うまく滞在時間さえ延ばせれば、地域内での飲食や購買、宿泊のチャンスはごく自然に増えていきます。

それにはハコモノ施設のようなハードではなく、現地での体験プログラムやツアー、各種のアクティビティなど、地域内で時間をたっぷりかけて楽しんでもらえるソフトを充実させなければなりません。とりわけリピーターに対しては、楽しみ方のバリエーションをどんどん増やすことで、絶えず飽きさせない工夫を続ける必要があります。ツェルマットを繰り返し人が訪れたくなる「強い山岳リゾート地」にしている大きな要素は、雄大なフィールドを縦横に活用したこの時間消費のしくみです。

例えば、夏ならば本格的な登山ツアー以外にも、初心者でも参加できるザイルを使って渓谷を渡るアドベンチャーツアーや、マッターホルンを登頂せずに裾野に点在する山小屋を巡りながら一周するツアーなど、ツェルマットでしか体験出来ない特別なツアーがあります。また、冬には氷の柱を用いたアイスクライミングから天候に左右されない室内でのクライミング教室、登山鉄道駅で借りられるソリで気軽にダウンヒルを楽しむことも可能です。このように季節や天候に合わせ、自然のフィールドから町の中まで、さまざまな体験プログラムやツアー、アクティビティが多数提供されているのです。単にスキーをしたり、アルプスをトレッキングしてもらうだけでなく、いわば自然を丸ごと楽しませようとする多種多様なサービスと姿勢が特徴的です。冬のシーズンはツェルマットもスキーリゾートと言われますが、当地では整備された雪道でウィンターハイキングを楽しむ人からカーリングを満喫する人、雪景色を見つつ贅沢な時間を過ごす人など、レジャーのあり方も様々です。この様に楽しみ方のバリエーションの豊富さからみても、スキーリゾートというより雪上フィールド全てを楽しむ「スノーリゾート」と呼ぶ方が相応しい地域と言えるのではないでしょうか。

また、地域内ではお客様に楽しんで頂くためにさまざまな連携が行われています。例えば、山岳ガイド協会やスキー・スノーボードスクールのプログラムとホテル宿泊がパッケージになった商品もあれば、スキー教師とテニス教師が連携して両方が上達できるプランが出てきたりもします。スポーツアクティビティ以外にも、カルチャー教室、エステなどビューティプログラムも豊富であり、それぞれを組み合わせたプランもあります。地域内の観光に関わる事業者が密に連携を取り、四季それぞれに合ったプログラムやツアー、イベントなどを考え出しているのです。年間を通した楽しみを提供しているという意味では、「オールシーズン・マウンテン・リゾート」と言えるのがツェルマットです。

ガイド・インストラクターは憧れの職業

その山での楽しい滞在を支えているのが、スキー教師や山岳ガイドの層の厚さと質の高さです。現在、ツェルマットの山岳ガイド協会のメンバーは約八〇人。スキー教師が約二〇〇人。山岳ガイドの大半は冬もスキー教師として働いています。もちろん単にスキーを教え、山を案内するだけではありません。それぞれが独自の工夫でゲストを楽しませ、地元の魅力を伝えるインタープリター（解説者）としてのスキルに長けています。

どれほどスキーや登山技術が高くても、お客様を楽しませるコーディネートやプロデュース能力が無ければプロフェッショナルとは言えません。スキー教師やガイドというのは、いわば朝から夕方までお客様と行動を共にして、ご要望に応え続ける仕事です。例えば、お客様から「今日は天気がいいので、マッターホルンを見ながらフォンデュを食べてみたい」と突然のリクエストがあったとしても、フィールド内の美味しいお店を予約し、お昼の時間に間に合うように広大なゲレンデを案内しながら到着するようにしなければなりません。このような段取りができることや自然や歴史等の解説も当たり前に出来ること、そして、エンターテインメント性を発揮してお客様に滞在中ずっと楽しんでもらえることが出来てこそ、初めてプロフェッショナルと言えるのです。

私がスキー教師としてデビューした際にも、お客様の満足度をいかに高めるかという点を繰り返し教えられました。「目の前のお客様が君の顧客となり、もう一度この村に戻ってきてくれて初めて一人前だ」。インストラクターやガイドは全員、まずこの意識から叩きこまれます。私自身、フィールド上ではお客様の様子を見ながら興味を引くようなお話をよくします。例えば、氷河の出来るしくみや動物の足跡から生態についての話もしますが、「この場所は、今は雪で真っ白ですが六月になるとリンドウやキキョウが咲いて一面が青や紫になるんですよ。想像してみてください」とか「七月になると今度は岩陰からエーデルワイスが花を咲かせますよ。次回はぜひ夏に来ていただいて、また一緒に歩きましょう」と違う季節の話をしたり、次のお誘いをしたりもします。いかにお客様の想像力に訴えかけ、当地へリピートしたくなる気持ちにさせるかもガイドの腕の見せどころです。

残念ながら日本のスキー教師でそういう発想を持つ方はまだ少数です。フィールドを知る努力やそれらを活かす努力をしない方が多いのです。スキーの技術はあっても、目の前にある自然のことも分からなければ、眺めのいいスポットや美味しいレストランにも興味がない。甚だしい場合には、高い料金を支払ってレッスンを受けに来られたお客様をいつまでも「生徒」としての扱いしかしない人もいます。そうやって上下関係を前提に、時には怒られながら滑っていてもお客様の満足度が上がるはずはありません。

ある時、日本で若いスキーインストラクターを捕まえて、山の名前を聞いてみたことがあります。そうすると「東京から来たバイトなので全然分かんないです」という答えが返ってきました。「では、地元の美味しい居酒屋くらいは知ってるんじゃない？」と重ねて聞くと、「三食賄い付きなので外食してません」。リピーター獲得という観点で見れば、この返答と態度ではアウトです。

ヨーロッパでは、ガイド業に対する職業的なステータスが確立されています。歴史や伝統から自然、科学まで、あらゆる現象をその場で説明するガイドは、いわば最先端の情報サービス業であり、子供たちからも人気の職種です。本人の専門性や努力次第ではありますが、高収入なガイドも多くいます。日本でもガイド業で稼げるようになった人たちがやっと出てくるようになりましたが、それでも何とか生活することが出来るかどうかのレベルであり、たとえ通訳案内士であっても年収一〇〇〇万円を超える人たちはまだまだ少数です。これからはただ案内や説明が出来るだけでなく、エンターテインメント性やコーディネート力で高度なサービス提供が出来るプロフェッショナルなガイドたちが観光ビジネスの現場を変えていくかもしれません。

最も重要なのは人財

世界中の観光・リゾート地におけるあらゆるCS（顧客満足度）調査で特に自由記述欄で共通していることがあります。それは地域、事業を問わず「大満足」の評価を受けている内容のほとんどには「人」との関わりが含まれていることです。

どれだけ良い商品やサービスを提供していたとしても、最終的には接客対応時の態度で全ての善し悪しが決定してしまいます。スタッフや職員が接客接遇等のセミナーや講習で研鑽することも大切だとは思いますが、ただ素敵な笑顔や元気な挨拶、きれいなお辞儀が出来れば良いというものでもありません。重要なのは、お客様とのコミュニケーションの中で心を読み取り、変化していく感情を理解して共感し、何をすれば良いのか判断して実行する人間力を高めることです。この力には、ＩＱ的な頭の良さよりも心の豊かさに通じるＥＱ（Emotional Quotient）の方が重要です。

しかし、いくらトレーニングを重ね、場数を踏んで経験値を上げたとしても、職場環境や生活に問題があると上手くいかなくなる場合があります。ゆとりや余裕がある生活や環境が、心と行動に与える影響については説明するまでもありません。実際、ほとんどのヒューマンエラーは、忙しくて物理的、心理的に余裕が無くなった時に起こります。日本語でも「忙しい」は「心を亡くす」と書きますが、そんな状況が続くようでは満足なサービス提供が出来るはずがありません。だからこそ、職場環境や待遇等でＥＳ（Employee Satisfaction：従業員満足度）を向上させることはＣＳ推進と同じぐらい重要なのです。

また、住民としての生活環境やライフスタイルも同様だと考えるべきでしょう。何故なら、豊かな地域をつくり、育てるのもＥＱ力を持つ人でなければ地域全体を良くしようという行動にはならないからです。旅先で出会う魅力的な人たちは総じてスローライフなのですが、そのようなライフスタイルを持っている人たちだからこそ、ＥＱ力が高いとも言えるのではないでしょうか。

地域内の人間関係も重要です。地域内の住民同士のコミュニケーションが悪いと外部の人間である旅行者も気付きます。実際、移住者と地元民の人間関係が良好なところほど地域全体のあらゆる活動が活発で、お客様からの評価も高くなります。ＥＱの力はお客様よりも、まずは地元同士で磨かなくてはならない力かもしれません。

地域が良くなり豊かになるほど、その地で働きたいという人は増えていきます。実際、ツェルマットにも様々な職がありますが、村外から働きに来ている人には、職を選ぶ以上に「ツェルマットに住みたかった！」と言う人がとても多いのです。例えば、地元外出身のスキーインストラクターや山岳ガイドは「同じスキーインストラクターや山岳ガイドをするのならば、他ではなくツェルマットだ。自然やフィールドも良いけど、何よりここに住んでみたかった」と言います。実際、コースの広さや山の高さだけならヨーロッパ内には他にもフィールドとして素晴らしい観光・リゾート地がいくつも存在します。大切なのは、その職業に就きたいと思う以上に、「その地域だからこそやってみたい」と思えるかどうかです。その様な地域で生まれ育った人たちは、サービス業に従事していなかったとしても、旅行者に対してとてもフレンドリーです。子ども達は誰に言われるでもなく元気な挨拶を知らない人にでもします。旅先での良い思い出の多くは、その地で会った素敵な人たちのことが記憶に残ることで成り立っています。

今後、職場環境から生活環境まで、豊かさを実感出来るような地域になることは、観光・リゾート地としてとても重要です。だからこそ、これからはただの「観光地」ではなく、旅行者と住民にとって幸せを感じられる地域としての「感幸地《かんこうち》」を目指すべきではないでしょうか。

第3章　観光地を再生する――弟子屈町、飛騨市古川、富山県の実例から

地域振興に必要な住民主体の活動

観光庁が提唱する「住んでよし、訪れてよし」を実現する地域になり、お客様から支持を受け続けるためには、何よりも住民が地域に対する愛着や誇りを持てることと、生活に対する満足度や充実度を満たすことが基本です。住民が自らの手で地域の本質的な価値や魅力を取り戻すことが地域再生の原点です。

そのためには、まず地域がこれまで抱えてきた問題や課題を明らかにして現状の把握と認識を新たにすることから始めなければなりません。そして、目指すべき地域の理想の姿をビジョン（＝目的）として明確化し、その後は理想と現状のギャップを埋めるために長期的な視点で戦略を決め、目的達成のために年次毎（長中短期）の目標を定めて優先順位を付ければ、後は戦術を駆使しながら一つひとつ進むだけです。

ここで注意すべきは、目指すべき地域ビジョンを観光・リゾート地としてのあり方だけに限定しないことです。地域の将来像が観光産業に特化した姿になればなるほど、他の産業事業者や住民が不満を募らせることになり、多くの住民の同意や協力を得ることが難しくなります。過去に観光振興による地域再生や活性化が失敗したところの多くは、観光関連事業者だけが集まって地域を変えようとしていました。行政が観光振興の名のもとに多大な労力と補助金を付けたとしても、額が大きくなればなるほど観光事業者を潤すだけにしか見えず、地域内の対立構造を煽る原因にもなります。これは観光以外の産業でも言えることですが、政策や施策が特定産業に偏ることで必ず起きる問題です。

スイスのブルガーゲマインデのような地域経営組織を立ち上げ、多くの事業者や住民が協力しながら主体的に活動するしくみにするのは簡単ではありません。それでも、自分たちの目的を達成するための理想的な組織運営を目指して努力を続ける覚悟があるのならば、最初は少数でも意識とやる気のあるメンバーだけで走り始めることです。何とか動き始めてしまえば「ゼロ」の状態からは脱することが出来ます。そして、複雑に絡み合った地域のエゴと利害の糸を解きほぐし、一進一退と紆余曲折を繰り返しながらも動きを止めることがなければ、同じ考えや想いを持つ者や協力者が必ず現れます。地域を動かしたいのならば、少しずつでも前進しながら力を付けるしかないのです。

この様な過程と実践を経て住民主体の地域経営のしくみと組織を実現したのが、北海道弟子屈町《てしかがちょう》です。弟子屈町は、観光振興による地域再生や活性化だけでなく、今後の日本における地域振興やまちづくりの参考となるロールモデルの一つです。

忘れ去られた「高度成長期型」の観光地

弟子屈町は、昭和四二年の大ヒット歌謡曲「霧の摩周湖」で一躍有名になり、高度成長期と共に伸びてきた典型的な物見遊山型の観光地でした。摩周湖や屈斜路湖、硫黄山などの自然、川湯温泉や摩周温泉等の温泉も擁し、道東でも屈指の観光資源に恵まれた場所です。しかし、時代が変わり、歌も「懐メロ」扱いとなった平成三年の年間宿泊者数約七三万人をピークに、集客数が激減していきます。同じ北海道でも、世界遺産に認定された知床には世界中から観光客が訪れ始め、パウダースノーで有名なニセコはオーストラリア人を中心に海外からのスキー客を集めていますが、私がお手伝いを始めた頃の弟子屈町は、まるで時代から取り残されてしまったような町になっていました。

ちょうどその頃、ある大学で集中講義を受け持った私は、試しに学生たちに「霧の摩周湖」を知っているか尋ねてみたことがあります。結果は誰一人知らなかった。ところが地元の多くの方々は、日本中がこの歌をまだ覚えていると信じているようでした。この種の勘違いは日本中どこでも見られます。例えば伊豆の観光事業者は、日本中の学生が『伊豆の踊子』を読んでいると思い込んでいるし、高知の人ならペギー葉山の「南国土佐を後にして」を皆がまだ知っていると思い込んでいる。同様に現状認識が出来ない人たちからすれば、人が来なくなってしまった原因がどこにあるのかを認識するのが難しいのは当然かもしれません。しかし、これは凋落している観光地に共通している大きな問題の一つでもあります。

北海道運輸局からの依頼で初めて弟子屈町を訪れた際、私は講演で町の現状を数字で示し、こう問いかけました。

「この町の小売販売額は、一九九〇年を一〇〇とするとすでに半分くらいまで落ちています。人口減少で町内消費額は億単位で消え、商業床面積も大幅に減っています。このままでは町の将来はかなり危うい。みなさんは一体、自分たちの子供の世代にどんな地域を残すつもりですか?」

この講演がきっかけとなり、弟子屈町の事業者の方々から改めて依頼を頂き、弟子屈町の地域再生事業に取り組むことになったのです。当初はほぼ月に一度の割合で弟子屈町に通い、町内の様々な団体、組織の方々と懇談を繰り返しました。話し合いが続く中、今後の弟子屈町にとって必要な地域振興のしくみとして、「町内の観光事業者だけでなく様々な産業事業者が参画し、住民が主体的に活動出来る新たな公の組織」を立ち上げることが決まりました。

「住民主体、行政参加」の組織に一本化

そして、地域内の連携を図り、自主的な活動をするためのプラットフォームとして「てしかがえこまち推進協議会（通称：えこまち）」がスタートすることになったのです。やる気のある住民や事業者のコンセンサスを迅速に形成し、無駄なく確実に実行していくために、この組織を立ち上げる過程で強く意識したことが三つありました。

一つは、町内のあらゆる組織、団体（構成団体・組織は弟子屈町、教育委員会、摩周湖観光協会、商工会、振興公社、農協、自治会連合会、郷土研究会など）を包括的に取り込むことで町内の様々な事業を極力一本化することでした。

どこでも同じようなことが起きているのですが、例えば行政から補助金をもらって何

か事業を進める場合、観光協会や商工会議所、もしくは住民の合意形成を取るためだけに町内の「長」が付く人や有力者を集めた場当たり的な「○○会議」「○○協議会」などが受け皿になります。そうすると、小さな町村になればなるほど、施策や事業ごとに対応するための組織が増え続けます。また、行政も民間団体も組織としては縦割り状態なので同じような事業が乱立することも多く、無駄なことだけが増えていきます。しかも極端な場合、会の名称は違っても招集される人はいつも同じというケースも少なくありません。そこで、てしかがえこまち推進協議会を設立する際は、「町を代表する永続的な協議会とし、以降は基本的に他の住民組織は作らない。地域振興に関わることがあれば可能な限り協議会で引き受けていく」と内外に示しました。国から採択される事業があったとしても、省庁を問わず極力全ての受け入れ先となることで町内のあらゆる事業を集約しようと試みたのです。

もう一つは、「住民参加」ではなく、「行政参加」型にしたことです。「住民参加」は言葉自体が行政のエゴ用語の一つであり、行政側が住民を参加させようとする「行政主導」の言葉です。「行政参加」はあくまでも住民が主体となったしくみを行政側がサポートする「住民主導」を表す言葉なのです。

協議会としてあらゆる活動の具体的な話し合いや計画を立てて実行するのは、会員である住民がそれぞれ参加している八つの専門部会（食・文化部会、情報部会、人財育成部会、女性部会、温泉街部会、エコツーリズム推進部会、アート＆アド部会、ユニバーサルデザイン部会）で行います。協議会の事務局は役場の観光商工課にあり担当者もいますが、事務的機能と役割しか持っていません。もちろん、役場の職員も協議会活動に参加していますが、それは住民の立場としての参加です。職業や所属、役職等に左右されないためにも、活動時は「住民」としての立場でしか参加が認められていません。そうでなければ、組織としての公正さと地域の民の知見や知恵を結集したスイスのブルーゲマインデ的なメリットが発揮できないからです。

最後の一つは、協議会の活動目的を「観光と農業を基軸として、様々な産業を包括した総合産業化に取り組み、『循環型社会』を確立し、町の『自立』や、その『持続』を図り、『誰もが自慢し、誰もが誇れる町』をつくる」と定めたことです。内容的にはスイス・ツェルマットのブルガーゲマインデの理念とほぼ同じです。経済的活性化のための産業振興だけが目的になると、住民からすれば縁が遠くなりあまり関係の無いものになってしまいます。住民にも自分ごととして捉えられる「地域として目指す目的」でなければ賛同も得られません。そして、弟子屈町ならば、観光や農業がしっかりと稼げるようになることで他の産業にも波及効果を与え、町全体の収入アップが税収増に繋がり、地域の暮らしが向上することを住民が意識出来るようになることが重要です。そのためにも、一人でも多くの住民が納得出来る目的として「誰もが自慢し、誰もが誇れる町」をビジョンとしたのです。

住民ならだれでも参加OK

てしかがえこまち推進協議会では、住民による各部会単位の会議が毎月のように開かれています。八つの専門部会はそれぞれが年間目標と週次計画を立て（三〇年と五年の長中期計画もある）、独自の活動を進めていますが、事業によっては複数の部会が連携した活動もあり、年に一度開催される「てしかが観光塾」のように全ての部会が関わるものもあります。

会を重ねる毎に、弟子屈町ではこれまでには無かった新しい動きが出てくるようになりました。その理由としては、これまで観光とは無縁だった人たちが協議会活動に参加していることと、各部会のテーマが横軸となったことで、産業別、組織・団体別、担当別と縦割り構造で硬直していた状態が少なからず解消されたことにあります。

また、様々な活動の成果が地元新聞社だけでなく全国的にマスコミで取り上げられることも多くなってきて、これも励みになったと思いますが、それ以上に自分たちで企画立案と実践を続けてきた事業が確実に増えてきているという事実が次に繋がる力になっています。このような実践の繰り返しと成功体験を積み重ねることで「町をよくしている」ことを実感することが、住民主体で地域振興を推進する上ではとても大切なことだと思います。当然、「稼ぐ」ことが前提となった活動が主たるものではありますが、地域内のネットワークが多様化し、強化されていくことで関係者の考え方にも大きな変化が出てきました。

実際、これまで観光や行政とは無縁だった会員の間にも「この町の未来をどう作っていくか」という意識が芽生えています。町や共同体、自然環境を維持するためのコストにも関心が向き、みんなが潤うためにはどういう事業が必要かという観点からの活動も増えました。収益事業以外でも町の歴史や伝統を再認識し、地元の知恵を伝承するなどの動きも出始めました。これらの事実からも、会員の町に対する考え方が広く、深くなり意識も高くなったのは間違いないと言えます。

てしかがえこまち推進協議会の大きな特徴の一つは、これまで説明をしてきた通り「弟子屈町民なら誰でも参加できる」ことです。大人でも子どもでも問題ありません。しかも、どれでも好きな部会に入ってかまわないし、一つだけでなく複数の掛け持ちもOKです。もちろん女性部会に男性が入って活動することは出来ませんが、オブザーバーとしての参加は可能です。このしくみによって縦割りの弊害が解消され、横の連携が格段に良くなったことで結果が出たことがいくつかあります。

例えば地元のグルメの企画やPRをする際でも、これまでは観光協会、JA、商工会などがその度に主催団体としてバラバラに活動をしていました。しかも、役場や観光協会などが作成するパンフレットなどでは、事業者や会員を平等に扱うことが優先され、経営努力の有無や本当に地元がお薦めしたいかどうか、地元食材を使っているかさえも関係なく紹介されます。それが今では「食・文化部会」という食に関する横断的な活動を行う部会があるので、メンバーが本当に自信を持って紹介出来るところだけを集め、他の事業者にも地元産の食材を使うことを勧める「地消地産」を推奨するパンフレットが完成しました。それが「MADE in てしかがガイド」や「おいしい弟子屈産野菜活用ガイド」です。この地域リアリティー溢れるパンフレットは年間一万部以上も実際に人手に渡っています。部会としては企画やＰＲだけでなく、地場産品レシピの講習会も主催するまでになっています。

活動の初期段階ですぐ目に見える成果を出したところに、「情報部会」があります。これまで弟子屈町の観光関連のインターネット情報は、役場だけでなく観光協会、商工会、道東の広域観光ページなど、いくつも並立していました。そこで町内の観光情報を情報部会がポータルサイト「弟子屈なび」として一本化したところ、ページビューが一気に数年で約五〇倍に跳ね上がったのです。ポータルサイト化により、アクセス解析から情報発信の中身、リンク先との連携、ＳＮＳの活用等を自ら行うことが出来るようになったことで、一方的な情報提供ではなく、お客様から弟子屈町が選ばれるためのウェブサービスになったからです。運営を集約したことによって、それまで各組織がそれぞれ負担していたコストを削減することにもなりました。今、部会では情報セミナーも開催しています。

各部会の活動を見ると、商品やサービス、イベント等の企画、運営等もありますが、実は人を育てることに対して最も力を入れていることがよくわかります。その代表格と言えるのが「てしかが観光塾」です。平成二〇年から毎年開催され、町外からの参加者も交えて三日間にわたって講座とグループワーク、発表があります。協議会の活動を永続的なものとし、様々な事業化を数多く生み続けるためにはそれを支えるための「人」がいなければなりません。そのためには自分たちが研鑽しながらも新しい人材を育てることが必要となります。

その結果でもありますが、これまで各部会活動から生まれた商品やサービスにはグルメから地場産品、イベント、体験型のツアーやプログラム等、ヒット商品が数多く生まれました。しかし、食べ物やお土産品等は既存の飲食店やお店で実際に販売することが出来たのですが、旅行商品に関しては「旅行業法」の壁があり、企画から販売、催行に至るには多くの課題がありました。

株式会社を設立、初年度から黒字に

住民主体で動き始めた活動が広がりを見せ、様々な事業が立ち上がってきた中で、現地発着のツアーを主催、販売等を行おうとした時、旅行業法のコンプライアンス問題が出てきました。これまでの協議会の枠組みだけではカバーしきれなくなった事業化に着手することになったのですが、そこで生まれたのが「株式会社ツーリズムてしかが」と

いう旅行会社です。行政からの補助金等は一切貰わず、協議会の会員や住民が一〇〇％出資して自前で立ち上げました。

新しく旅行会社ができたことでこれまでに無かった旅行ビジネスが展開されることとなり、新しい雇用も生まれました。しかも、初年度（二〇〇九年）から黒字化に成功。借り入れ分の返済もしました。現在に至るまで単年度で少々赤字になることはあったとしても黒字を出しながら税金を納めるだけの会社に育っていることは事実です。この様な「着地型旅行会社」と言われるコミュニティービジネスの類では、最初から利益を出しながら継続している会社は極めて稀な存在です。株式会社、有限会社、ＮＰＯ等を問わず、着地型観光を推進しているほとんどの組織が行政からの補助金無しでは運営が出来ないものばかりです。これは観光協会や自然学校等でも同様なのですが、多くの組織が赤字を垂れ流す状態から脱却出来ずに全く自立出来ていません。

協議会の各専門部会活動と「ツーリズムてしかが」の連携が本格的に始まった頃、女性部会のメンバーが町内の自然体験等のアクティビティに実際に参加するという企画がありました。実は多くの会員が地元で行われているカヌーツアーやホーストレッキング等に参加したことが無かったのです。

この時は屈斜路湖から釧路川へのコースと原生林の探索でした。実際に参加したメンバーは、「地元の自然環境の素晴らしさと体験ツアーの楽しさに気付いた」と目からウロコが落ちたそうです。「弟子屈の宝」である大自然を生活者とは全く違う視点として湖面や馬上などから見ることや、ガイドの丁寧で奥深く楽しい解説を聞くことによって、地域の本質的な価値を再認識出来たようです。これこそ「百聞は一見にしかず、百見は一行にしかず」です。

その後、女性部会メンバーが気付いた宝の山を活かした訪日外国人旅行者向けのツアーも企画されました。また、この時はフィールドが違う体験事業者同士の連携を図ることで、町内における観光客の滞在化の新しい可能性も見出しました。多くの観光地では、事業者同士がフラットに話し合うしくみがありません。事業者同士が互いをライバル視していることがほとんどです。多くの地域ではお互いのことを理解し、意識することやすれ違いを解消するための場すらありません。今回のように事業者がお互い協力しあったり、さらに新たな連携を実現できたりしたのも「てしかがえこまち推進協議会」というしくみがあったからこそだと思います。

弟子屈町の強みは、自前の旅行会社を持つことで自分たちのアイデアで企画した旅行商品をすぐに販売に移せることです。現在では、定番化したベストセラー旅行商品があります。それが「摩周湖星紀行」という星空観察ツアーと「摩周・屈斜路雲海ツアー」です。摩周湖には展望台がありますが、これまでは夜や早朝には誰も展望台へ行くことがなく、ほとんど利用されていませんでした。この時間帯を活用することで、これまで知られていなかった摩周湖の新たな楽しみ方を提供するだけでなく、実際に泊まらないと体験出来ないメニューを揃えることでお客様に宿泊滞在して頂こうという仕掛けにもなったのです。

アウトドア体験の課題は天候なのですが、「摩周湖星紀行」の場合は当日の夕刻まで受付をしているのでギリギリまで天候の様子を見てから参加出来ます。今ではほぼ通年で催行（オフシーズンは休みあり）され、弟子屈町の顔とも言える代表的なツアーになりました。現在、硫黄山をフィールドとした馬車や馬そりを使ったツアーなどの企画も実施しています。

こういう地域ならではのアイデアを元にした旅行商品は、都会の旅行会社が机の上でいくら考えても決して出てきません。弟子屈町の人しか知らない「とっておきの感動」はネット上に出てくることも多くありません。地域の本質的な価値をお客様の感動という価値として提供するためには、やはり地域に住む人たちが自分たちの力でプログラムやツアーを考案するのが一番だと、私は考えています。各専門部会から出てくる様々なアイデアを組み合わせ、弟子屈町の魅力を発揮した旅行商品を提供するために「ツーリズムてしかが」の役割は今後も大きくなるでしょう。

繰り返しますが、重要なことは、観光関連事業者だけが集まるのではなく、やる気に溢れた住民が主体的な活動を続けられる仕組みをつくることです。また、他の事業者とも連携を図り、多種多様なアイデアを具現化し、ビジネスや地域をより良くする活動に繋げていくことです。

エコロジーとエコノミー

住民の手による地域振興を推進するために立ち上がった「てしかがえこまち推進協議会」の名前にある「えこ」には「エコロジー」と「エコノミー」を両立するという意味が込められています。今後、持続可能な社会を構築するためには、地域が総合力を発揮して稼ぐことだけでなく、自然環境を守りながら未来へ引き継ぐための取り組みも必要になります。阿寒（摩周）国立公園の多くの土地は弟子屈町内にありますが、摩周湖へのマイカー規制の社会実験や、夏季と冬季に販売している「弟子屈えこパスポート（公共交通機関の利用促進。バス乗り放題パス）」などに取り組んできた理由も、世界一と言われた摩周湖の透明度が落ち、排気ガスで枯れ始めたと言われる樹木が増えたことに危機感を持ったことからです。だからこそ、弟子屈町は環境保全と観光振興を両輪として地域を活性化する「エコツーリズム」の推進に積極的に取り組んでいます。今すぐに実現するとは思いませんが「てしかがえこまち推進協議会」のこれからの活動次第では、弟子屈町がスイスの山岳高原リゾートのような世界に誇れる「日本のエコリゾート」になる可能性もあると思っています。

外国人旅行客に大人気の「里山体験」

そもそも旅は異文化体験です。雄大な自然環境やテーマパーク等の環境や空間は「非日常」ではありますが、異なる文化や伝統、生活を感じる土地、空間は「異日常」と言えます。旅行者からすれば、その地域の日常で暮らすように旅することは「異日常」体験そのものです。

飛騨市古川を中心に「株式会社美《ちゅ》ら地球《ぼし》」が提供する「SATOYAMA EXPERIENCE

（里山体験）」では、日本の原風景とも言える里地里山をありのまま体験するツアーがいくつも用意されています。その中でも、英語ガイドが案内する「飛騨里山サイクリング」は欧米豪からの個人客に絶大な人気があります。他にも麴づくりや豆腐づくりなど飛騨の食文化にも触れる「フード&カルチャーウォーク」や伝統的な古民家に滞在する「ロングステイ」プランなども評価が高く、日本ならではの体験として喜ばれています。

ツアー途中、学校から手を振る子ども達の姿や田畑や街で出会う地元の人たちとのふれあいなどのリアルな日常生活体験は、国内外の旅行者にとって新鮮であり、好奇心が掻き立てられるものばかりです。SATOYAMA EXPERIENCEでは、従来の物見遊山型観光では得ることの出来なかった感動と満足が、新しい観光のあり方として提案されています。その実力は、世界最大のクチコミサイトであるトリップアドバイザーでも国内のアクティビティ事業者として最高評価を得ていることからも実証されています。

現在、世界の六〇を超える国々から、わざわざ飛騨市までツアーを楽しみにやって来る旅行者がいます。国際観光都市として有名な飛騨高山や世界遺産の白川郷のほぼ中間地点に飛騨市古川はありますが、SATOYAMA EXPERIENCEが無ければ、飛騨市古川の農村部や市街地へ外国人旅行者がやって来ることは無かったでしょう。

この事例が示しているのは、名所旧跡の様な観光資源のないことや、公共交通機関の不便さを観光地の集客力の弱さの言い訳には出来ないことです。旅行者は、「その地でなくては手に入らないもの、体験出来ないもの」があれば、たとえ無名な地域であったとしても、新幹線駅や空港、高速道路などの高速交通が整備されていなくても、世界中からやって来るのです。逆に、旅先として選ばれるための商品・サービス化を怠り、その地へ行く必然性が何もなければ、たとえ知名度がある地域でも旅行者から旅先として選ばれることはありません。この点については、第二部の藻谷さんとの対談でもう少し具体的に語りたいと思います。

「なんにもない」から「クールな田舎」へ

「なんにもない……からクールな田舎へ」「里山からSATOYAMAへ」を掲げ、日本人がほとんど意識も評価もしていなかった里山、農村部での日常を旅行商品・サービスとしてプロデュースしている㈱美ら地球の事業は、地域と密着した連携と活動によって支えられています。

彼らの活動は自らの観光事業のみならず、地域のマネージメントにも関わり、飛騨市古川の伝統、風習、古民家の調査と情報発信や地元企業の外国人受け入れ支援、まちづくり協議会（てしかがえこまち推進協議会を見習って市が立ち上げた）の運営等、あらゆる活動が地域に深く根ざしています。実際、当初はタダの自然環境や日常を体験する観光のあり方や訪日外国人旅行者の受け入れに疑問を抱いていた住民が、マスコミに地元が取り上げられることや旅行者との直接的な交流を通して意識や行動が変わっていきました。

地域の生活である「日常」を商品化、サービス化して提供するには、住民の理解と連携が必要不可欠なのは飛驒市に限った話ではありません。地域が観光地化を目指すのではなく、住民が幸せに豊かに暮らしていける魅力ある地域をつくり、育てることが重要なことはこれまでも述べてきました。㈱美ら地球のＣＥＯである山田拓氏とは、彼が飛驒市観光協会の仕事をしている時からの付き合いですが、私の考えや価値観に共感してくれているだけでなく、実際の事業運営にも反映していることに最大の敬意を表したいと思います。彼は事ある度に「桂一郎さんの言ってることを飛驒で３Ｄ化してるだけですよ！」と笑いながら軽く言いますが、これまで彼の活動に少なからず関わり、彼の苦悩や苦労を知っている者としては、今の成功に対する喜びと共にこれからの進歩、進化にも期待しています。

今後のビジョンを聞いてみると、最近は「beyond SATOYAMA EXPERIENCE」をキーワードに、三つのステップを考えているようです。一つは既に動き始めているようで、「飛騨をクールに！」と「日本のイナカをクールに！」を目指す活動です。ツーリズム周辺産業や農業など、地域の既存の企業との連携や協働のプロジェクトを立ち上げ、地域資源を活用した新たなビジネスモデルの構築に取り組んでいくとのことです。また、これらの飛騨地域での実践から得た知見を活かし、国内の他地域で同様の取組みの支援活動も進めており、最近話題のＤＭＯ（後述）設置や人材育成の事業は、私も彼と共に複数の地域で一緒に活動しています。

最後のひとつが「世界のイナカをクールに！」です。山田拓氏が「海外で講演にお呼び頂くことが何度かあり、また自分で各国を旅してみると、我々の手法は国内に留まらず、海外でも求められるソリューションになり得るのではと感じることもあります」と言っています。彼らは時間軸も長くとり、国内に留まらずグローバルを見据えた視点もあります。ツーリズムに関する新たなビジネスが日本の地方から世界に羽ばたいていく日を楽しみにしたいと思います。

美ら地球の強みは、創業者がグローバルのコンサルティング会社出身で、マネージメントやマーケティングに精通していることです。それらの技法を駆使し、実践で得た知見を横展開する手法は今後に大きな可能性を持っています。飛騨市古川の試みは、地方にこういう人材が多く活躍する場を創ることが、地方創生や観光立国に必要な要素であることを示唆しているように思えます。

山田拓氏とはたまたま苗字が同じで、講演やセミナー等で一緒になることも増えました。いろいろな方から本当の弟と間違えられることが多いのですが、これほど頼もしい弟分がいるのは嬉しい限りです。

とやま観光未来創造塾

観光・リゾート地の再生や活性化の為に最も重要なことが、人材育成であることに異論を唱える人はいないでしょう。多様化する訪日外国人旅行者への対応、サービスや商品の質の向上と高付加価値化、マネージメント力の向上等、観光関連産業でもこれからの人材には高度なスキルが求められます。そのスキルも専門的な知識が必要なものもあれば、長年の経験の積み重ねでしか得られないようなものもあり、多種多様でありながら対応力の高さが必要です。

そのような人材を外部から雇い入れるとなると、相当な給料を出さなければなりませんが、人件費による高コスト化を抑えなくてはならない経営サイドの視点でとらえると、外部からの採用にも限界があります。特に近年の人口減少社会ではあらゆる現場で労働力不足が起きていて、優秀な人材は企業間でも地域間でも奪い合いです。

観光関連産業に関わる人材育成も様々な方法で行われていますが、この業界は中小企業が多いので、日々の忙しい業務の中で高度人材を育成するのは至難の業です。そこで地域全体で人材育成をする場を提供することが行政に期待されます。観光関連でいうと、おもてなしセミナーのような接客接遇系、語り部や自然体験ガイドの養成系など、全国各地でいろいろな教室や講座が開催されています。しかし、その成果として地域全体の顧客満足度が向上したとか、起業が増えたり地域の売上や利益が増えたといった実績を出している地域は決して多くありません。しかし、富山県が平成二三年度から主催している「とやま観光未来創造塾」は、五年間で卒塾した延べ約三七〇名の事業者のほとんどが、それぞれの実業において結果や実績を残しています。しかも、塾の修了生と現役生の間のネットワークが、多くの連携事業にも結び付いています。入塾後に成果をあげた修了生の中には、講師役として活躍する方も出てきました。

この「とやま観光未来創造塾」は、富山県知事の石井隆一氏が北陸新幹線開業効果を持続・発展させるとともに、外国人旅行者の急増やグローバル化のさらなる進展を見据えて発足させたものです。講師役には東京大学の西村幸夫教授を筆頭に、県内外の現場で実際に活動して実績を上げている事業者や有識者を招きました。その目的は、①おもてなし（顧客満足度上昇）力の向上、②お客様に満足いただける観光ガイドの育成、③魅力ある観光地域づくりをリードできる人材育成、④地域資源を生かしてインバウンドツーリズムを企画・実施できる人材の育成、としています。私からは、富山県が国内外から「選ばれ続ける観光地」となるために、観光事業者だけでなく商工業や農林水産業などの多くの産業事業者と情報・知識やノウハウの共有を図る必要があることを提案させて頂きました。

他の都道府県が実施している人材育成事業と異なる特徴は、参加者が自身のレベルとスキル、フィールドに合ったコース選択が出来るところです。「とやま観光未来創造塾」のコースは、「観光おもてなし入門コース」「観光ガイドコース（中級専攻と上級専攻）」「観光魅力アップコース（食のおもてなし専攻と観光地域リーダー専攻）」「グローバルコース」という四コース（コースによってはレベルとテーマで分ける）を段階ごとに設置。訪日外国人旅行者の受け入れに関するカリキュラム内容も充実しています。

最上位コースの「グローバルコース」は県内でのインバウンドビジネスの起業が前提となっている為、研修を通じて塾生のマネージメントスキルを徹底的に鍛えます。入塾中に企画されたアイデアは講師陣からセレクトされて卒塾時にプレゼンされ、その中から知事表彰として最優秀賞一名、優秀賞二名が選ばれます。平成二八年度からは富山県が主催している「とやま起業未来塾」と「とやま農業未来カレッジ」との合同講座や塾生間の意見交換会も実施され、県内産業間の更なる連携を推進しています。近年は、北海道から宮崎県まで、全国から多くの自治体関係者や議員の方々が視察に来るようになりました。

「新幹線効果」の誤解

北陸新幹線開業後の石川県との比較で言えば、両県の分母の違いがあるので単純な実数比較は出来ませんが、観光庁やウェブ調査の数字を見ると富山県の方が石川県よりも伸び率が高く、全国でも一位となっています（観光庁「宿泊旅行統計調査」の延べ宿泊数では平成二七年八月時点で前年比伸び率一二八％で全国一位。楽天トラベルの平成二七年夏季、年末年始期間でそれぞれ前年比一九一％、一六九％で伸び率全国一位)。この結果に対して「とやま観光未来創造塾」の貢献度は大きかったと確信しています。

もし仮に、富山県が「富山らしい、富山ならでは」の商品やサービスを生み出すための人材育成ではなく、開業に合わせた単発イベントやキャンペーンしか手掛けていなかったら、宿泊旅行統計調査の数字は今よりも低く、順位も石川県よりも下位だったでしょう。

新幹線や高速道路の様な高速交通網の開業直後の効果は、主に終点地域で高くなります。北陸新幹線の場合も旅行者のほとんどが金沢まで移動するのは当然であり、富山県は「通過地点」であるからこそ、新幹線から降りて宿泊して頂くための様々な目的や理由を用意しなければなりません。この様に、「富山らしい、富山ならでは」の商品やサービスを創り出し、それを永続的な事業として自立・進化させる為に、富山県は新幹線の開業前から徹底した県内の人材育成に取り組んできたのです。

富山県では全県をあげて「休んでかれ。」宣言に取り組んでいます。これは観光やビジネス等で富山県を訪れるお客様の受け入れ態勢を充実させ、「また来たい！」と心から感じてもらおうという事業です。全国各地でよく似た「ウェルカムキャンペーン」や「おもてなし宣言」を見かけますが、ほとんどが短期的なもので、予算をかける割には関係者でさえ他人事になっていることがあります。

富山県の「休んでかれ。」宣言は、他県のキャンペーンと比べると予算もないに等しく、大々的な告知もしていないにもかかわらず、県民と事業者の自主的な取り組みとして続いています。補助金で作ったキャンペーン用のグッズは通常、関係者に大量にばら撒かれてもあまり使われないものですが、富山県では「休んでかれ。」とデザインされた缶バッジや卓上のぼり、座布団等のグッズの全てを参加する事業者が自腹で購入することになっています。また、「休んでかれ。」宣言への参加は専用ホームページから登録するだけという簡単なしくみで、登録費も無料です。実際に登録した事業者は観光関連事業者だけでなく、郵便局や建設会社等の異業種の組織もあります。

全県をあげて「人材」を将来の「人財」とするための育成を地道に続けている富山県の方々を見ていると、北陸新幹線が関西方面へ全線開通した後でも、富山県がさらに「選ばれ続ける地域」になっているのではないかと楽しみになります。

国際水準とユニバーサルツーリズム

この章の最後に、グローバル市場で競い合うことが当然の前提である観光・リゾート地が世界水準化する為の必要条件について触れたいと思います。

重要なのは受け入れ地域として「ユニバーサルツーリズム」を徹底して推進することです。観光・リゾート地としてのポジションを明確にし、ターゲットを絞ったマーケティングを行っていても、世界中から様々な観光客や旅行者がやって来ます。人種や性別、障害等に対しての差別が無く、訪れた人々が誰でも満足して頂ける環境を整備する努力を続けなければ、「世界水準」と言える地域にはなりません。ワガママ放題の「モンスターツーリスト」に迎合しろということではなく、世界中に数え切れないほどある観光・リゾート地の中からその土地を選んでくれたお客様に対して、「有難い」という気持ちを地域としてカタチにすることが「ユニバーサルツーリズム」なのです。もちろん、バリアフリー化の取り組みは当然ですが、これもハード整備だけを指しているのではありません。大事なのは受け入れ地域の住民の態度や対応です。

「ユニバーサルツーリズム」を実践する国際水準の観光地となる為には、地域住民の誇りある態度とコミュニケーション能力が不可欠です。それは日本語で言う「気遣い」であり、「持て成しの態度」です。旅行者からすれば旅先での出会いは全て一期一会。だからこそ住民の方々には出会った来訪者との奇跡を大切にしてもらいたいのです。

　私が関わった地域では必ず「一期一会は一語《いちご》一笑《いちえ》」を実践してもらっています。相手が旅行者だと気付いたら、まずは笑顔で挨拶する。可能ならば「どこから来たの？」「今日はお天気良いね！」等、もう一言だけ会話を続けてもらっています。これだけで旅行者の当地に対する印象はとても良くなります。相手が外国人だからと言って身構えなくても大丈夫です。身振り手振りでも良いのでコミュニケーションしようとする気持ちが大切です。この様に住民が旅行者をどの様に受け入れようとしているかを態度で表すことが、実は国際水準化することの第一歩になるのです。

　旅行者は住民同士の人間関係が意外とよく見えています。人間関係がよくないところへ来た旅行者が楽しいと感じるかどうか、再び来たいと思うかどうか、自分自身が旅行者の身になって考えればすぐに分かると思います。

第4章　観光地再生の処方箋

「ピラミッド型のマーケット」を構築せよ

観光（外貨獲得）による地域経済の活性化を進めるには、地域内に落ちるお金の量を増やさなければなりません。地域全体の売上を増加させるなら、お金を使って頂けるお客様の数を増やすか、お客様の消費単価（客単価）を上げるしかありません。

お客様の数を増やすにしても、客単価が低ければ、労多くして実入りが少ない効率の悪い商売になってしまいます。ローエンド層を無視するということではなく、ハイエンドの富裕層・知識層のお客様を積極的に取り込むことで新しい活路を見出し、地域全体へ経済的な波及効果を高めることを考えて欲しいのです。トップエンドを出来るだけ引き上げることで市場全体へのシャワー効果を高め、最終的には頂上から裾野まで大きく広がるピラミッド型のマーケット形成を目指すことが、市場拡大の最善策だからです。

これまでの日本は、観光振興というと入込数（単純な来訪者数）を伸ばすことばかりに力を注いできました。しかし、観光バスでどっと乗り付けてはすぐ立ち去ってしまう団体客やイベント等の開催効果で一時的な来訪者がいくら増えたところで、本当の意味で地域が潤うことには繋がりません。近年、観光庁はアジア諸国からの訪日旅行促進に力を入れてきましたが、これについても同じことが言えます。中国や韓国、台湾、香港、タイ、マレーシア、インドネシア等からのお客様を増やすことは重要ですが、数を求めるあまりに団体ツアー客ばかりを引き受けていても長期的に経済を支えていくのは困難です。観光立国を目指すのであれば、もっと本気で個人客や富裕層のニーズに応えていく必要があります。最近になってやっと観光庁やＪＮＴＯ（日本政府観光局）も欧米市場や富裕層へのプロモーションに本格的に取り組もうという流れになっていますが、まだまだ大きな柱にまではなっていません。

地方に出向いた時に富裕層市場の話をすると、決まって「本当にそんなお客様がいるのか？」という反応があります。日本では実感しにくいかも知れませんが、世界には純粋にレジャーだけで年間一〇〇万ドル（約一億円）を使える人が約一〇万人いると言われています。第１章でも紹介しましたが、スイスではこのような超富裕・ラグジュアリー層を取り込むための工夫をソフト・ハードの両面にわたって続けてきました。そして、ハイエンド層からのシャワー効果により多様な市場形成を長年積み重ねてきたのです。この点は、ピラミッド型の市場を構築出来ていない日本の観光地との大きな違いです。

実際、観光・リゾート地としてのツェルマットを支えているのは富裕層を中心としたリピート客です。私が代表を務めている「JTIC.SWISS」では、日本からのお客様向けに現地ツアーやガイドの手配を行っていますが、大部分が昔からの顧客とその紹介です。中には毎年決まった時期に訪れて「この一週間は山田君とスキーがしたいので必ずスイスにいてね」と個別リクエストをくださる贔屓客もいます。もちろん日本人だけでなく、スキー教師・トレッキングガイドとして、ヨーロッパの富裕層のお客様とも数多くお付き合いしてきました。彼らの休暇スタイルに接し、その価値観やお金の使い方をリアルに感じられていることは、現在、地域の観光振興のお手伝いをする上でも大きな財産になっています。

頂上が高く、市場の裾野が広がるほどに、地域全体における収益性と利潤は拡大します。また富裕層や知識層を相手にすることでサービスの質も上がります。観光のみならず、地域振興におけるあらゆる事業化を進める上で、このように上位マーケットの恩恵が末広がりに波及していく「シャワー効果」はきわめて重要なのです。

富裕層を取りはぐれている日本

日本の現状はどうでしょう。繰り返し述べてきたように、これまで日本の観光・リゾート地ではほとんどトップカテゴリーの富裕層や知識層を意識してきませんでした。豊富なノウハウを持つ一部の高級ホテル、レストランや老舗旅館、料亭等は別として、富裕層のニーズに地域全体として応えようとしているところは、私の知る限りほとんどありません。むしろ、具体的なデータを示して説明しても、世界にはそのようなお客様がいるということ自体をイメージできない方が大半だと思います。

象徴的なエピソードを耳にしたことがあります。数年前ですが、ある町に海外のクルーズ船運航会社から「そちらに寄港した際に一人二万円のランチを用意できないか」という依頼があったそうです。ところが、地元の観光協会や商工会議所、行政が話し合った結果、最終的には断ってしまったそうです。「値段に見合った料理を用意できない」というのがその理由でした。二万円の料理提供による利益だけでなく、豪華客船の富裕層を取り込むせっかくのチャンスをみすみす棒に振ったわけです。

私に言わせれば、そんな絶好のオファーを受けない手はありません。受け入れをたった一つの料亭やレストランだけで考えず、地元の料理人たちや関係者が知恵を絞り、ありったけの旬の食材を集め、地域が総力を挙げてクルーズ船を受け入れることを考えれば、二万円の価値がある食事を提供することは出来たと思います。もちろん、当地ならではの美味しい料理を出すのは当たり前ですが、食事の時に地元の民謡などを見せるなどのエンターテインメントの要素を組み合わせ、地域全体で取り組めばやり方はいくらでも考えられたはずなのです。地元の人たちは「これで二万円は高すぎるのでは」と心配かもしれませんが、豪華クルーズを楽しんでいる海外の富裕層にとっては、お金よりも「その場所でしか体験できないこと」の方に価値があるのです。

北海道の「二万円ランチ」に人気が殺到した理由

近年、B級グルメによる地域活性化をよく見かけます。そもそもどこも似たような発想で内容的にもあまり差がなく、しかも、みんなが同じものを同じ料金で提供しているものが多いので私自身はどうかと思うことがあります。どうせ地域で取り組むのなら、地域で共通したテーマとコンセプトを明確に打ち出し、各店舗が自分たちの格と力量に合ったものを提供した方が良いのではないでしょうか。

例えば、ご当地ラーメンにしても、一流店が手がける高級ラーメンと大衆食堂が出すラーメンでは内容が違って当たり前です。地元の海鮮を使ったラーメンを作ったとしても、一流店と大衆食堂では使う食材は違っても良いはずです。重要なのはテーマとコンセプトを地域全体で徹底し、各事業者が創意工夫した多様な商品を提供することです。そうでなければ、結果的に幅広い層のお客様を当地へ惹きつけることも、地域内の多くの事業者が参加することで市場全体を活性化することも出来ません。

ところが日本で取り組まれているほとんどのB級グルメは、どの飲食店や宿泊施設でも似たようなレシピで同じものを作り、談合しているかのように同じ価格で提供されています。これでは参加する事業者が増えても競争が激しくなるばかりで、地域内の市場拡大をしたくてもピラミッドが大きくなることはありません。しかも、お客様からは「どこで食べても同じ」「一度食べれば十分」とすぐに飽きられてしまいます。

では、富裕層を取り込んでピラミッドの頂点を引き上げると、どんなプラス効果が生じるのでしょうか。その具体例として、私が関わった「一万円ランチ」の取り組みをご紹介したいと思います。これは二〇〇七年、北海道運輸局で企画した「食の付加価値創造事業」の目玉として提案したもので、洞爺湖サミットを目前に控えていた道内の観光を盛り上げるというのが重要なミッションでした。

北海道を訪れる人にとって、新鮮な道産食材は大きな楽しみの一つです。しかし私の見たところ、目に付くのは格安ランチやメニュー、食べ放題ばかりで、サービスを提供する側に「観光客が求めているのは安さとボリューム」という思い込みが定着しているようでした。実際に調査してみると、札幌市内のシティホテルでさえ、当時のランチの最高額は六三〇〇円でした。東京、大阪、名古屋、福岡など他の都市圏では、もっと高いランチを提供しているお店が多数存在しています。言い換えると北海道の観光業界では、食の付加価値の意味が「上質な旬の素材を使った最高のメニュー」ではなく「とにかく低価格でお腹いっぱい食べてもらうこと」になってしまっていたのです。そこで固定観念を壊し、ピラミッドの頂点を高める試みとして、分かりやすく「一万円」という切り口を考えたのです。

当初、地元関係者の反応は散々でした。

「安くてボリュームのあるランチがいくらでもあるのに、わざわざ北海道で一万円も出して昼食を食べる人はいない」

多くの人からそう言われたのを憶えています。しかし私に言わせれば、それこそが日本の観光地に共通する「ローエンド的発想」に他なりません。旅行者の中には、せっかく北海道まで足を運んだのだから、最高の素材を惜しみなく使った手間隙かけた料理を食べてみたい方もいるはずです。また地域の人たちにとっても、ここ一番の接待や特別なハレの日の食事として、一人一万円という予算は高すぎるとは言えないでしょう。そこで「北海道ならではの美味しいものなら、一万円であっても道外、海外からのお客様には受け入れられる」と強く主張し、委員会を立ち上げ、全道から選んだ五軒のレストランに極上のランチメニューを提供してもらうことでプロジェクトをスタートさせました。こちらからお店側にお願いした条件には、必ず道内産の旬の食材を使用すること、料理人が腕によりをかけて思いきり贅沢に仕上げてもらうこと、ランチタイムなので食事中に見える景色等、お皿の中身と同じぐらいエンターテインメント性にもこだわってもらうことなどがありました。

すると、発表と同時にどのお店にも予約が殺到しました。集客数ではミドル、ローエンド層に及ばないものの、最上級の食とサービスを求める層というのはやはり存在したのです。道外からの観光客はもちろん、お客様の中には道内在住者がかなり含まれていたのも予想通りでした。結婚記念日、誕生日、還暦や喜寿の祝い等のハレの日の食事や道内事業者の接待まで、地元のニーズにもしっかりと応えたのです。かくして一万円ランチのプロジェクトは、話題性だけでなく利益や経済効果の面でも大きな成功を収めることになりました。

そもそも、旅行者であれ一消費者であれ、お客様の立場からすれば「どうしても、そこ（店でも地域でも）でなくてはならない」という理由、目的が明確に無ければ、そのモノやコトを選ぶ必然性は全くありません。お客様から見て、他と比べてほとんど差が無く同じようなものだと判断されたとしたら「安い方、近い方」が選ばれるのは当然です。「誰が、どの様な価値を必要としているのか?」というマーケットインの発想抜きで商品化、サービス化をしたとしても、誰からも支持されることを前提としていないものが売れるはずはありません。

逆に、遠くからでもわざわざ手に入れたいと切望してもらえるだけの商品やサービスが提供出来るようになると、その評判を聞き付けた近隣のお客様もやって来るようになります。それと同時に地元が誇りに思うほどの自慢の商品やサービスになればさらに地域リアリティーが発揮されるものにもなり、地域ブランド化するための良いスパイラルを作るきっかけになります。

旅行者は遠くから来る人ほど消費意欲が高くなる傾向があります。近隣からの日帰り客も大事ですが、遠方からの旅行者にしっかりとお金を使って頂けるだけの商品、サービスの方が経営効率も良くなります。だからこそ「今だけ、ここだけ、あなただけ」と言えるモノやコトを提供出来るようになれば、お客様と事業者の双方にとってのメリットを生むことにもなるのです。観光・リゾート地だからこそ、絶対に「いつでも、どこでも、誰にでも」とならないように気を付けなくてはなりません。

世の中にはナンバーワン、オンリーワンであったとしても売れないものがたくさんあります。それは知名度の問題ではありません。お客様から見て「欲しい！」と思えるだけの価値が無かっただけです。どれだけ宣伝広告費を掛けたところで、市場から価値あるものとして認知されなければ実際の購入には至らないのです。

負のスパイラルを防げ

ここでより詳しく一万円ランチの効果を見てみましょう。例えば、利益を考えたとしても、一〇〇〇円のランチを二〇人に提供しても、一万円ランチをペアのお客様に提供しても、トータルの売上は変わりませんが、利益率を比べれば後者の方が高く出来ることとは理解して頂けると思います。また、ほとんどのお店が一日一組から二組限定のコースとして提供していたので、一万円ランチだけの売上（二〜四万円）ではお店の経営を成り立たせることは出来ません。しかし、一万円ランチの予約が出来なかったお客様の多くは、来店しないどころか店まで足を運び、通常メニューの中でも一番高いメニューやコースを選んで食べている方が多かったのです。この影響はディナータイムにも波及し、客単価も上がりました。結果的に全体の売上アップに繋がったのです。これもハイエンドを引き上げたことによるシャワー効果です。

さらに重要なのは、一万円ランチプロジェクトの様な取り組みが誘い水となり、地域全体で提供される商品やサービスが多様化、階層化することで市場がこれまでより発展的に広がることが期待できることでしょう。例えば「うちでは一万円は無理でも、八〇〇〇円プランに挑戦してみたい」「六〇〇〇円のメニューならうちでも出せる」というお店が増えてくれれば、市場全体を上方へ引き上げつつ裾野が広がることで多様化、階層化が進みます。

もう一つ、「一万円ランチ」を実施したことで個人的に嬉しかったのは、参加してくれた料理人からも「自分が本当に作りたかった料理を出すことが出来た！」と喜んで貰えたことです。いつもは団体客相手の配膳に追われているフロアスタッフからも、「久しぶりにじっくり料理の説明ができた」「お客様との会話を通じて、おもてなしの楽しさを再確認できた」という声も聞きました。そう考えると「一万円ランチ」プロジェクトは、観光や経済面のメリットだけでなく、従業員の「感幸」面にも寄与したと言えそうです。働く人がやりがいを感じることによってＥＳ（従業員満足度）が推進され、ＣＳ（顧客満足度）もよりアップする。この相乗効果もまた、スイスにおける観光ビジネスのあり方に通じています。

格安ホテルチェーンが地域を壊す

まったく同じことは宿泊施設についても言えます。例えば外資系の高級ホテルが進出してくると聞くと、古い体質の宿泊事業者はすぐ身構えてしまいますが、ハイエンド向けの選択肢が増えることは地域全体にとってマイナスになる訳ではありません。むしろ競争原理が良い方向に働くことによって、既存の老舗旅館のサービスが向上し、売上やリピーターが増えるきっかけになるケースもあります。リゾートホテルや旅館の再生ビジネスで知られる「星野リゾート」のように、質の高さや顧客満足度を推進するためのノウハウを持った企業が参入すれば、少なからず地域内のピラミッドの頂点が上がり、シャワー効果によって階層化が進むことで市場全体の活性化も期待できます。

しかし、参入してくるのが格安路線のホテルや旅館ばかりでは、地域全体の収益性を向上させることは難しくなります。近年、全国各地で買収を進めている某ホテルチェーンがあります。廃業や経営困難に陥った施設を再生させる手法自体は「星野リゾート」と似ていますが、こちらは全国一律の低価格が売りもので、全てのコストを抑えるために人件費や仕入れ値を切り下げます。経営の方向性はむしろ正反対です。

私自身、そのチェーンホテルに泊まってみたことがありますが、チェックインして部屋に入るともう布団が敷いてある。朝も夜もバイキング形式で、メニュー内容はどこも変わりばえしません。地元らしさをリアルに感じとれる瞬間もありませんでした。これではどの温泉地へ行ったとしても、どこも同じ様に思えてしまうことでしょう。もちろん、一つのビジネス形態として否定することはできませんが、少なくとも地域全体の活性化という意味では、プラスよりマイナス要素の方がはるかに大きいと言えます。

問題なのは、この種の格安ホテルチェーンが参入すると、古くからある旅館やホテルまでもが不毛な価格競争に巻き込まれてしまうことです。本来ならみんなで協力して地域の魅力と価値を高めるべきなのに、いつの間にか格安チェーンに宿泊費の相場を下げられてしまう。事実、新規参入者に脅威を感じた宿泊施設がそこよりも五〇〇円、一〇〇〇円と安くしようと無理をした結果、潰れてしまうというケースが見られます。低価格路線の大手資本が入ったことで良くなった観光・リゾート地というのは、私の知る限り一つもありません。

観光が地域経済を支える柱の一つとなり、最終的に多くの事業者が得をするためには、お客様が落としたお金が様々なルートで地元に還元する仕組みを構築することが重要です。例えば、ホテルや旅館は地元で作られている食材や産品をどんどん用いて、その土地ならではの特色を強く打ち出す。そして、満足したお客様を通じてその地域のモノなりコトが質の高いサービスとして評判が広がり、ブランドが熟成され、販路も広がっていく――。そうやって観光関連事業者と地域内の事業者や住民がお互いに支え合う関係を構築しなければなりません。だとするならば、コストカットのためにどこかで一括購入した食材をセントラルキッチンで調理し、各地方のホテルに配送するような大手チェーンのやり方はよろしくないのです。

近隣のライバルと協力した方が儲かる

やはり、スイスの「ブルガーゲマインデ」や弟子屈町の「えこまち」のような、やる気のある住民が主体となる組織を通じて、地域内の連携を高めた方が効果的だと言えます。私の経験から言っても、ダメな観光地ほど「自分のところさえ儲かればいい」という事業者が多く、隣同士で足の引っ張り合いをしています。

観光・リゾート地再生のお手伝いをする際は、まず皆さんに具体的な数字を見ていただき、現状や市場を客観的に見ることから始めるようにしています。特に、地域内連携はお客様の評価や集客にどう影響するのかを知ってもらいます。

これに関しては、二〇〇二年と少し古いデータですが、私も協力した日本政策投資銀行の調査結果があります。日本の主な観光地を「A：バブル期に集客数が増えた地域」「B：バブル期に集客数が減った地域」「C：近年、集客数が増えている地域」「D：近年、集客数が減っている地域」という四つのカテゴリーに分類してマトリクスを作成したものです。その結果、一貫して集客が伸びているA&Cには、飛騨高山、草津、由布院、上高地など、地域をあげてまちづくりや活性化に取り組んでいる場所ばかりが入りました。一方、集客が落ち続けているＢ＆Ｄには箱根や伊香保、熱海、志賀高原など、大型ホテルや旅館ばかりが目に付く古いタイプの観光地が並んでいます。

さらに興味深いのは、その場所が選ばれた「理由」です。Ａ＆Ｃの地域に泊まったお客様の多くは、その地域の魅力そのものを旅行の目的に挙げていました。一方、Ｂ＆Ｄ地域に泊まったお客様は、個別のホテルや旅館に宿泊することが主な動機で来訪されていました。たとえ宿泊施設が良かったとしても、観光・リゾート地として地域全体の魅力が無ければお客様が減っていくことが立証されたのですが、この結果と事実は観光・リゾート地のあり方からすれば当然のことだと言えるでしょう。

実際、より詳しく調べてみると、Ａ＆Ｃに分類される地域ほど、地域内の各種団体、業種別組合などの連携と参加率が高く、地域活動の内容もしっかりしていました。つまり、観光関連事業者だけの経営努力に任せている観光・リゾート地ほど、結果的には集客を落としていることになります。目先の利益と利害にこだわらず、ライバル同士や多様な産業事業者が協力し合っている地域の方が、全体的な集客と共に売上も伸びているのです。二〇〇二年の調査結果ではありますが、ここで実証された傾向は近年の方がよりはっきりと現れています。

これまで述べてきたような地域再生や活性化を実現させるためには、地域が一体となった経営が出来るしくみと組織が必要です。観光庁もこれまで、「広域観光圏」から「観光地域づくりプラットフォーム」と続き、現在は「日本版ＤＭＯ（Destination Management Organization：目的地経営組織）」という事業で観光地域における新しい経営のあり方を推進しようとしています。しかし、これらの施策内容には大きな差があるわけでもなく、これまでも成功しているとは言い難いのが実情です。日本版ＤＭＯも今後、全国各地に一〇〇ヶ所も立ち上げることになっていますが、これらが実際に地域経営組織として成功するかどうかはなかなか難しいのではないかと思っています。やはり、ブルガーゲマインデや弟子屈の「えこまち」のような住民主導型の組織を、住民自身の発案で作っていくのがベストではないでしょうか。

休日分散化を真剣に考えよう

社会全体で取り組むべき課題としては、休日分散化も外せません。ヨーロッパの観光産業が地域を支える柱となりえているのは、一年を通じて就業者が休みを取りやすいという社会的な仕組みがあるからです。これは観光産業においては切実な問題です。

実は「年次有給休暇」については、国際労働機関（ＩＬＯ）の定めた国際条約があります（第一三二号）。ヨーロッパ諸国ではこれに基づいて、政府が国民に長期休暇を保証しています。よく「ヨーロッパにはバカンスの文化がある」とか「有給休暇の消化率が高いのは権利意識の伝統があるから」などという人がいますが、基本的には各国政府が批准した条約に沿った休暇制度を整備しているからなのです。また、国内における地域別の休暇分散化もこの条約を批准しているからこそ可能な制度になっています。そして、ヨーロッパではこの条約以外にも、然るべき有給休暇を取らせないと会社側に罰則が科せられるなどのルールも存在します。

ところが、先進国ではアメリカと日本だけがこのＩＬＯ第一三二号条約を批准していません。これについてはかつて、政府や某政党内でも勉強会を開いたこともあるのですが、厚生労働省の担当者に説明してもらっても、なぜ日本国政府が条約を批准しないのかという理由はよく分からないままでした。おそらく例によって、アメリカの顔色を窺っているのかと思ったほどです（ちなみにアメリカが批准しないのは就業者の経済格差が広がりすぎて、雇用主側の抵抗感が大きいからだというのが定説です）。

もし仮に「ＩＬＯ第一三二号」に基づいて、日本国内の全就業者が自分の希望する時期に有給休暇全三週間の内、二週間以上の連続休暇（子ども達も学校を休んで一緒に休む）を取るようになると、確実に行動と結果には変化がでます。

まず第一に、年間を通じて旅行・レジャーの平準化が起こるはずです（祝日を連休にする必要性もなくなります）。これでゴールデンウィークやシルバーウィークなどの一時期だけに交通機関や宿泊施設が混み合うという事態は緩和され、しかも通年の稼働率が改善されます。平日料金が不当に安く、休日料金が不当に高い状態も少しは改善するでしょう。そうすれば全体の利用料金もいい意味で適正価格に落ち着くのではないでしょうか。

現実問題として、いまだにサービス残業がまかり通っている日本では、よほど強い意志がないとまとまった休暇が取りにくい事情があります。日本の長期休暇制度が不備のまま、観光庁が提唱する「休日分散化と有給休暇取得率七〇％以上」はどうやって実現させるのでしょうか。

また、政府は訪日外国人旅行者に長期滞在してもらうための施策を進めようとしていますが、日本人自体が長期休暇を楽しむ経験が無く、文化としても成熟していないのに、長期滞在の受け入れ環境整備が進むはずがありません。真の観光立国や観光先進国を目指すのであれば、まず政府がＩＬＯ一三二号条約を批准し、国民が幸せを感じられるような休暇制度をゼロから作り直す必要があります。そうでなければ、いくら観光による国づくりと言っても絵空事に終わってしまうのではないでしょうか。

社会全体に「観光」を位置付ける重要性

もう一度、なぜ今の日本に観光振興が必要なのかを考えてみましょう。

今、日本が抱える問題の一つが人口減少とそれに伴う市場縮小です。特に人口減少のスピードが加速度的に進む地方では地域の死活問題になっています。それは人口が減ることによる地域内の消費額（景気）減少が地域経済に大きな打撃を与えているからです。定住人口一人分の年間消費額が約一二四万円（総務省二〇一四年「家計調査」）と試算されていますが、現在、年間一〇〇～一〇〇〇人単位で人口減少している自治体ならば、それだけで最低でも年間に一億～一〇億円単位の消費額が地域内から失われていると言えます。このように人口減少による内需の落ち込みが地域経済に大きな影響を与えているのです。だからこそ、年々減っていく定住人口分の消費を補うために地域外からの外貨獲得手段として観光振興が全国的に推進されているという背景があります。

国内における内需活性化が重要なことは日本のGDPを見ればはっきりしていますが、元々日本の貿易依存度は極めて低く、輸出・輸入でそれぞれ過去二〇%を超えたことはありません。今後、観光振興における経済活性化は国内各地で域内消費額を増やして加速度的に回すことが出来るかどうかで決まります。但し、日本全体が人口減少社会化してしまっている現状では、国内市場だけを相手にすれば地域間競争となり、お客様を奪い合うことになってしまいます。そもそも日本国民の絶対数が減っているのですから、日本全体の市場拡大を考えれば訪日外国人旅行者による消費を増やす必要性は今後さらに重要になっていくでしょう。

しかし、訪日外国人旅行者の観光消費額は年間約三兆円にまで増加したとはいえ、まだ観光市場全体の一四%ほどしかありません。観光市場の基本は日本人による消費額なのですが、残念なことに国内旅行市場の消費額が落ち続けているために全旅行消費額は減少傾向にあります。しかも、市場縮小は人口減少以上に旅行をする人たちが減っていることが根本的な問題になっています。国民の旅行参加率そのものを引き上げない限りは、日本の観光産業と経済活性化はあり得ません。

「地産地消」より「地消地産」

地方創生の流れの中で、人口減少と市場縮小の歯止めを期待されている観光振興による地域活性化ですが、これまで解説してきた通り、人口減少を食い止めるためには生産年齢人口（一五〜六四歳）を少しでも増やすことが出来るかどうかが決め手となります。観光・サービス業関連の仕事というのは製造業と違ってオートメーション化ができないためにどれも人手がかかります。そして、忙しくなればなるほどに待ったなしで更に人手が必要になるので、必ず外部から働き手を流入させることになります。もちろん、その受け皿は、観光関連の事業者だけに止まりません。農林漁業や地場産業の就業者を増やすためにも「地消地産」型の高付加価値商品や製品、サービスにより地域内に落ちるお金を増やすことが重要です。

そして、観光・サービス業が実践していく「地消地産」は、今まで以上に上質で高付加価値なモノやコトを提供する高収益型でなければなりません。何故なら、それらのサービスや商品を高度化するための人材には、仕事内容に見合った高い給与を支払うことが必要になるからです。現在、人口減少により労働力不足まで起こしている社会の中では、高度なスキルを持つ人材どころか代替可能な人材でさえも雇用維持のためには少なからず給与を引き上げねばなりません。

地域全体が高収益体質化すれば、都市部や他地域から移住して来た人たちの商売が成り立ち、やがて若者たちの生活が落ち着いて子供を産み育てることが出来る環境を整備することも可能になります。そうすれば、地域の社会人口と自然人口の両方が増える可能性は高くなります。

前述の日本政策投資銀行の調査カテゴリーで言うなら、A&Cに分類される地域では観光による地域活性化の影響で人口減に歯止めをかけています。最たる例は沖縄県の石垣島を中心とした八重山諸島でしょう。観光を基軸とした総合産業化により、二〇〇〇年過ぎから高い経済成長を遂げてきたこれらの島々では、若い世代の人口が少しずつ増加しています。一方、箱根や鬼怒川などB&Dのカテゴリーの地域では、若者層がどんどん流出した結果、新生児の誕生数が著しく落ちている。これもまたデータで立証されています。

この傾向は都市からのアクセス条件とは全く関係ありません。いわゆる僻地や離島などでも、観光ビジネスが機能することで地域内経済へ波及しているところでは人口が維持されるか増加しています。逆に同じ島でも、橋が架かった場所は総じて人口減に見舞われています。「本土と橋で繋がれば人の行き来が増えて、経済も活性化される」とは政治家の常套句ですが、こと観光ビジネスについて言えば、橋はお金をあまり落とさない日帰り客だけを増やすことになり、むしろ地域の存続を危うくする可能性が高くなります。これはあらゆる高速交通網にも共通する問題です。

高野山が外国人に高評価のワケ

近年、和歌山県の高野山は京都に負けないほどの人気があります。交通の便は良くなく、泊まる場所と言えば宿坊しかありませんが、深い山中に点在する寺院、早朝から響きわたる読経の声、落ち着いたまち並みなどが「天空の宗教都市」として旅慣れたヨーロッパ人を惹きつけるようです。ミシュランのガイドブック「ギド・ベール（日本編）」でも三ツ星の評価を受け、特にフランス人からは長期滞在地として京都よりも評価されることがあります。どちらも世界遺産を持つ地域ではありますが、京都のように都市部に文化財が点在しているよりも、生活空間として異日常を感じられる高野山の方が外国人にはジャパンリアリティーを感じられるようです。長期間滞在したフランス人女性で、精進料理と規則正しい生活で知らない間にダイエットに成功したと喜んでいる方に会ったことがありますが、高野山には心身共に人を健康へと導くヘルスツーリズムの可能性もあると考えています。

高野山や由布院、八重山諸島ほどではないにしても、地元の人が気付いていないだけで地域に根ざした魅力ある「宝」は、各地にまだまだ眠っていると思います。まずは、それらを丁寧に掘り起こして、価値をしっかり見直し、住民がそこに誇りを持つことがとても大切です。そして、多様な事業者が連携することで地域の宝を「今だけ、ここだけ、あなただけ」の商品・サービスとして活かすことが出来れば、海外からの旅行者を惹きつけることが出来る地域になることは不可能ではありません。

明確な将来像を描け

世界から評価されている企業には、どこも共通して明確な「理念（＝目的）」があります。その「理念」は通常、「ビジョン：将来像、目指すべき姿」「バリュー：どの様な価値を顧客や市場に提供しようとしているのか」「ミッション：社会に対して果たすべき使命」の三つの要素で構成されています。

しかし、地域経営を担う自治体の多くでは、理念が無いか、不明瞭な状態のままです。

特に「ビジョン」がぼんやりしたままで政策や施策が進められているところが多いため、地域経営が迷走するのも無理はありません。各自治体がどの様な地域経営の「理念（目的）」を持っているかはそれぞれの「総合計画」の中身を見れば一目瞭然なのですが、優良企業並みの理念を持つ自治体もあれば、ほとんど何も考えていないのではないかと心配になるところまで様々です。

では、現在日本が目指しているビジョンとは一体どんなものなのでしょうか？

政府が発表している「明日の日本を支える観光ビジョン」で示されたのは、「世界が訪れたくなる日本へ」というキャッチフレーズでした。このあり方に対しての反対意見はありません。日本が観光立国を名乗るならば、誰でも「世界中の旅行者が『日本へ行ってみたい！』と願っている」という社会を実現したいと思います。しかし、この「世界が訪れたくなるところ」とは、それこそ世界中の国々が同じように目指しているもので、当たり前すぎて何も言っていないのに等しくはないでしょうか。

実はこの言葉を聞いた時に、以前ある外国人から言われたことを思い出しました。それは日本国政府が国家ビジョンとして「美しい国」を目指すと発表した時のことです。その外国人は私に対して「政府や多くの日本人は、今の日本が美しくないと思っているのか？」と私に訊いてきました。確かに言われてみればその通りだと思ったのですが、私も「日本は今よりもっと美しい国になろうとしているんだ」と言い返しました。しかし、彼は「今より美しい国とは、どんな国なんだ？　どの様な美しい国になろうとしているんだ？」と更に聞き返してきたのです。

これも「美しい日本」という言葉や意味が悪い訳ではないのですが、国家ビジョンとしてならもっと明確な形を示すことが必要だったのではないでしょうか。また、国家ビジョンを実現するための目標や取り組みにしても、もっと具体的な政策、施策、数値目標を設定し、誰からも可視化され、成果が明確にならなければ、日本が「美しい国」を目指していることは誰にもわからないのではないでしょうか。

これは、観光ビジョンとしての「世界が訪れたくなる日本へ」も同様です。二〇三〇年には観光立国としてどの様な姿を実現していれば世界中から多くの旅行者が「是非、行きたい！」と思ってくれるのでしょうか？　もちろん、政府も「世界が訪れたくなる日本」を目指すために必要と思われる具体的な取り組みとして「明日の日本を支える観光ビジョン構想会議」から重要な施策が「三つの視点」と「一〇の改革」として提示されています。しかし、たとえこれらの「三つの視点」と「一〇の改革」として出された全ての施策を達成したとしても、その結果として実現される「世界が訪れたくなる日本」の姿がよくわからないままでは、二〇二〇年になった時にその成果を実証することも評価することも出来ません。

これらの施策を推進するための目標数値はあります。二〇二〇年に訪日外国人旅行者数：四〇〇〇万人（二〇一五年の二倍強）を筆頭に、訪日外国人旅行消費額：八兆円（二〇一五年の二倍超）、地方部での外国人延べ宿泊者数：七〇〇〇万人泊（二〇一五年の三倍弱）、外国人リピーター数：二四〇〇万人（二〇一五年の約二倍）、日本人国内旅行消費額：二一兆円（最近五年間の平均から約五％増）です。その後、二〇三〇年には訪日外国人旅行者数：六〇〇〇万人（二〇一五年の約三倍）、訪日外国人旅行消費額：一五兆円（二〇一五年の四倍超）、地方部での外国人延べ宿泊者数：一億三〇〇〇万人泊（二〇一五年の五倍超）、外国人リピーター数：三六〇〇万人（二〇一五年の約三倍）、日本人国内旅行消費額：二二兆円（最近五年間の平均から約一〇％増）と続きます。

相変わらず訪日外国人旅行者数に一番こだわっている点など、個人的には違和感を持つところがいくつかあります。外国人リピーターをどんどん増やすことには大賛成なのですが、そのためには前提として外国人旅行者の満足度を高めることが必要です。

これまでは「おもてなし」という表現で漠然とした印象もありましたが、サービス業ならば当たり前の「顧客満足度向上」のための施策や目標数値は設定されていません。例えば三重県では観光振興基本計画における目標指標として「観光客満足度評価点」と「リピート意向率」のそれぞれを年次毎に引き上げることになっています。しかも、どちらも「一〇〇点」と「一〇〇％」を最終目標としているのは他県でも例がありません。この姿勢は民間事業者だと当たり前なのですが、県内に向けた行政からのメッセージとしてはとても納得と賛同出来るものです。行政からの目標指標の出し方でも、事業者や住民に対して、やる気を後押しするようなメッセージを出すことが出来るのです。しかし、政府が提示している目標指標は一体、誰に対してどの様なメッセージとなっているのでしょうか。これらの数値が一部の大手観光関連事業者にしか届かないメッセージではなく、地方や観光以外の産業事業者、国民にまで届くような数値をもっと設定することも可能だったのではないかと思います。

また、「理念」としては明確なビジョンだけでなく、バリューやミッションについても具体的に示すことが必要です。今後、「世界が訪れたくなる日本」を世界の旅行市場にはっきり意識させるのならば、もっと「絶対に日本でなくてはならない価値（バリュー)」を打ち出す必要があります。

訪日するための明確な理由や必然性に繋がるバリューとしては、「健康長寿」はその一つと言えます。先進国の中で最も「健康長寿」を実現している日本はこの価値をブランド化できます。そうすれば、観光産業以外の多様な商品化、サービス化にもつながり、今以上に日本の本質的な良さを活かせる可能性が生まれます。

また、ミッションとしては、「観光を通じて平和な社会を構築していく」という考えはあっても良いはずです。元々、平和産業とも言われる観光産業なのですから、日本の平和主義をベースとした豊かな社会や自然環境、生活のあり方や日本の伝統、風習などを通じて多様な楽しみをもっと多くの外国人に知ってもらうことが出来れば、たとえどれだけ反日教育を受けた人々であっても、日本に滞在した後には「日本ファン」になってもらうことも出来るのではないでしょうか。このミッションは結果的に国際社会における日本へのリスペクトに繋がるものでもあり、各国との友好関係を民間レベルで強化することにも繋がります。

将来、日本が世界から羨望されるような観光立国となり、さらに観光先進国を目指すならば、そのビジョンは世界中から尊敬されるような品格あるものでなければならないと考えます。また、世界から本気で外貨を稼ぐのならば、日本のあらゆる英知と産業力を結集させ、もっとしたたかさを発揮すべきです。それらの活動の結果や成果の全ては、「日本に住む人々の幸せと社会の豊かさ」に貢献できるものでなければならないのではないでしょうか。

Ⅱ　「観光立国」の裏側

藻谷浩介×山田桂一郎

第5章　エゴと利害が地域をダメにする

「地域ゾンビ」の跋扈

藻谷　山田さんの論考に出ていた「SATOYAMA EXPERIENCE」は画期的な試みですよね。日本の人には「あたりまえ」の田園風景の国際的な価値を見事に実証しました。

山田　藻谷さんも私も、飛驒市と美ら地球との関係は長いですよね。

この地域への注目度は近年とても高くなってきました。実際、SATOYAMA EXPERIENCEのツアーはトリップアドバイザーでも外国人からの満足度において最高評価を得ています。最近は美ら地球社長の山田拓氏も飛驒市のまちづくり協議会に加わったこともあり、地域全体の動きも加速しているようです。以前では考えられません。この地域でもいろんな争いがありましたが、若手と移住者の活躍で随分と変わってきました。

それにしても、日本全国では相変わらず、一部の権力者による身勝手な行動や妨害が目に余ります。

藻谷　ある町には、観光協会を牛耳って自己利益を図っている地元旅館の二代目オーナーがいました。観光協会にうっかり問い合わせしてきた客を自分の旅館に誘導したりしていたのです。そうした行為に反対する人たちには、公私でいろいろ圧力をかけるので、町外に引っ越した人もいます。地元のゾンビ経営者は、そういう私物化を平気でするんですね。

山田　こういう話をマスコミは全く報道しない。地元のマスコミは、イベントを企画する側と広告等で繋がっていることが多いので報道できない。

藻谷　まともな人なら、「観光協会の私物化がひどいと早晩お客さんが来なくなるんじゃないの？」と思うでしょうが、この町の場合には単発のビッグイベントが時々行われていまして、日ごろは客の入らない旅館もそのときの稼ぎで延命できる構造です。こうしたやり方で生き延びた人物が、選挙に出て公職を得たりするので、さらに始末が悪い。先代の遺徳で顔の広い二代目が、経営力はなくとも人当たりの良さで可愛がられて、田舎の昇進階段を登って「地域ゾンビのボスキャラ」に成り上がるわけです。そういう種類の人の中には、実業からは足を洗って地方政治家専業になってしまう人も多い。そういう輩が跋扈すると議会でもまともな議論が行われなくなり、本業が成り立っていて忙しい人は、つきあいきれないのでますます政治と距離を置きます。

間違った首長が選ばれ続けている

藻谷　首長が代わることで、営々と積み上げてきた地域振興の努力が吹っ飛んでしまうということも、あちこちで目撃します。関係者に迷惑がかからないよう、当事者がもう辞めたケースをご紹介しましょうか。

山間過疎地のある市の話ですが、平成合併の際に、まちおこしで有名だった旧A町のキーパーソンたちが、旧B町の人物を市長に担ぎました。そのためまちおこしグループと市は良好な関係を続け、いろいろと面白い企画が花咲いたのですが、他方で市長は、まちおこしとは別にいろいろな箱モノ投資に走り、借金が積みあがったのです。八年後にそれを批判して当選した新たな市長は、まちおこしグループとも冷えた関係となりました。新市長在任期間中にその市で行われた、地域振興関係者の全国大会のことは忘れられません。大規模な行事で県知事も挨拶に来たのに、市長は知事と同席しなかったのです。まちおこしのリーダーで大会誘致の最大の貢献者だった人物も、いろいろ圧力がかけられていたのでしょう、顔を出すことができないままでした。知事にも参加者にも失礼な話ですが、外からどう見られるかよりも、小さな市の中での権力闘争の都合の方が優先されたわけです。そうした冬の時代が八年続き、その市発の面白いニュースがすっかり聞かれなくなった後、ようやく企画マインドのある若い人物に市長が交代して、いろいろな活動がまた活性化しつつあります。

山田　実際、そういう地域では役所や役場の職員がどんどん辞めていますよね。都市部や地域外からやって来る若手の新しい職員は地方で働くことに希望を抱いている分、実情を知り、自分ではどうしようも出来ない状況だと分かると辞めていく。もしくは、うつ病になって休んでしまいます。

最近は首長だけでなく、副市長や副町長が滅茶苦茶な指示を出すこともありますね。某市でも観光課に配属された職員の心が次々と折れてしまっています。そこはイベント大好きな副市長がいて、職員がどれほど良いアイデアを持って行ってもほとんど却下し、自分のアイデアを押し付けて強引にやらせている。若手職員だけのプロジェクトチームを立ち上げたとしても、自分の意見を無理やり反映させることだけに利用していて、表向きは如何にも若手からの自主的な意見と活動のように見せているのがズルい。地元には市民活動や地域づくりなどで活躍している素晴らしい人材がたくさんいるところなんですが、行政側が全く連携しようとせず、とても残念です。

藻谷　どうしてそういう政治家たちが選ばれてしまうのか。これは日本全体で共通しているんだけど、政治家を選ぶ住民側の基準が間違っている。地方でも国政でも、投票行動を合理的に行えない有権者が余りに多い。もちろん、候補者を選ぶ仕組みもできていない。それでも、「相対的に見て、こっちの候補でしょ」というのはあるのですが、そっちのほうが勝たないケースが多い。候補者と有権者のダブルで問題があるんです。

日本海側のある小さな市の話ですが、市が進めていた道路拡幅計画に反対するグループが、町並み保存と経済活性化をセットにした活動を続けています。彼らの始めた各種の集客イベントが全国的にも有名になり、ＪＲや地元温泉街などの協賛も得るようになりまして、拡幅推進側だった市長が事業取りやめの姿勢を見せました。すると、その次の選挙で拡幅推進を掲げた別の人物が市長に当選したのです。ところが市長になってみると、拡幅反対側のやっている事業の全国的な知名度に初めて気がつく。他地域の人に会うたびに、そのイベントの話ばかり出るのですから。そこで在任四年の間に、やっぱり拡幅取りやめの方向に動くことになった。そしたらまた四年後の選挙で、さらに新たな人物が、拡幅賛成を掲げて当選してしまった。当選した後に市外の評価に気付いて往生するのも、過去の二人と同じです。ただこの三人目の市長は、地元の旧来勢力もグリップする政治力があり、結局拡幅を取りやめましたし、幸いにも次の選挙でも落選しませんでした。

山田　結局、政治屋になりたい人ばかりが出て来るのですよね。政治家になって欲しい人を選ぶしくみだけでなく、投票行動にもなっていない。

藻谷　政治屋にたまたま見識がある場合でないと、いろいろなことが台無しになってしまう。ちなみにスイスはなぜそうならないのですか？

山田　『しなやかな日本列島のつくりかた』でも藻谷さんに詳しく話したことですが、結局、その国や地域の民度や知性、教養の話になってくると思います。政治家を選んでいるのは住民ですから。もちろん、スイスだって善良な人ばかりではないですが、議論があまり情緒的にならないのは確かです。好き嫌いとかではなくて実務能力で測っている。だから、「これはこの人にやらせたほうがいいよね」という判断が、感情論じゃなくて論理的になされるわけです。もちろん推された人も、みんなから指名されるだけのことをやってきたわけだから意志やスキルもあるし、地域のことを真剣に考えてもいるから尊敬もされている。

藻谷　今の話は、機能しているNPOのリーダー選びに似ていますね。

山田　ええ。スイスの場合、議員は日本のように職業化していませんからね。

藻谷　スイスは血縁原理ってあるんですか。

山田　あることはありますが、日本ほど能力も無い人間なのに血縁だからという理由だけで何かを任せたりすることはないです。そもそも実務面で出来ないようなことまでやらせることはないですから。そんなことしたら一族が滅亡しますよ。

藻谷　日本では政治家の血筋だと、それだけで正当性が三〇％アップみたいな感じですよね。私の出身地の山口県選出の国会議員にもそういう人たちがいるのですが、地元民と話していると、どうも彼らの多くは実務能力で評価されているわけではない。国会議員の地元事務所の国家老や金庫番と、県議会議員有力者が手を組んで、国会議員を座敷に上げて専横を振るっているケースも見聞きします。にもかかわらず、地元を押さえられない国会議員の方が、国政では強気で売っているケースもある。他方では、見識もあるし地元の悪い話には一切かかわっていない人もいてさまざまですが、何にしても有権者側の投票行動は「その血筋に任せて、あとは祈る」という感じです。

山田　沖縄の離島の首長に会って地域振興の話をすると、時々、その反応に驚かされます。どの島でもいろいろな地域再生や活性化の試みがあるのですが、某島の町長は「観光振興なんかよりも、もう一つ港を作ってくれた方が島と我々は活性化するんだ」と真剣に思い込んでいる。人間的にはすごくいい方なのですが、何を言っても最後には「地元のサトウキビとかを使ってチマチマ商品化するよりも、数百億円かけて港をもうひとつ作ってもらう方がいい」という話にしかならない。でも、そのお金は港の事業を大元で請け負う大手ゼネコンに流れることで彼らが一番儲かるしくみになっている。島民も地域に根ざした継続的な地域振興にはならないことをわかっているのですが、そういう大きな公共事業で島を何とかしたい町長を選んでしまう。

藻谷　島民一人ひとりに聞いていったら、たぶん「おかしい」と思う人が多数派だと思うんですよ。だけど、それが政治のイシューにならない。有権者は、「任せてあとは祈るだけ」の遣唐使船みたいな状態です。そんなら航海術を研究しろよと思うんだけど、有権者にも「とりあえず祈っとけ」みたいなマインドがあって、旧来型の首長が地域をぶっ壊すのを止められない。

「改革派」にも要注意

山田　一方で難しいのは、改革派をうたう若い首長だからいいっていう話でもないことです。実は、いま藻谷さんがおっしゃった有権者の「任せて祈る」は、こういう改革派の首長でも一緒で、決して実務的観点からだけで選ばれているわけではない。彼らがやっていることには、正しいこともそうでないこともあるわけですが、こちらが少し意見すると、「人格否定」と受け取られかねないのは一緒です。すると、「俺が言っているんだから間違いねえだろ！」みたいな話に最終的にはなってしまう。もちろん、全ての改革派の首長がダメだと言ってるわけではないのですが、見極めが難しいです。

藻谷　橋下徹スタイルですね。個別の事案ごとに、ちゃんと議論するっていうことではなくて、「俺を信用しろ」と選挙で全権委任を取り付けて、異論を振り切る。ロゴス（論理）による説得ではなく、エートス（人格）を信任せよ、と。

私もよく、「藻谷さんは安倍首相が嫌いなんですね」なんて言われるのですが、彼に限りませんが私は好き嫌いでは判断しませんし、犯罪でもしない限り人格批判もしない。やっていることの当否をロゴスで判断しているだけです。アベノミクスの金融緩和が間違っていることは一貫して指摘していますが、若者の賃上げや女性の活躍推進は基本的に賛成です。

山田　私も最近の講演では、地域振興や再生の問題は、突き詰めると全ての原因は「エゴと利害」であるとはっきり言っています。人間社会だから仕方ないところもありますが、どれだけ良いしくみや組織を立ち上げ、計画を進めようとしても、地元のしがらみや好き嫌い等で判断されてしまった結果、全てが崩壊することがあります。

行政が手がける「劣化版コピー」の事業

山田　実は、「地方創生」に注目が集まっているがゆえの弊害だと思うのですが、行政による「劣化版コピー」みたいな事業が以前より多くなっています。他地域の成功事例をそっくり真似たものもあれば、もともと地元で革新的なことをやっていた事業者の試みを、それこそ感情論でつぶしておいてから、それを乗っ取るか、模倣したような事業を行政が手がけるというケースです。

以前、九州某県の温泉で有名な地域で、古民家を拠点にして地域振興の活動を市役所と一緒にいろいろと頑張っていた人たちがいたのですが、今はみんな行政から離れてしまった。成功の芽が出てきたところで市役所が主導権を握り、民間の発案者はいいように使われ、最後には手柄を市役所がもっていってしまったからです。結果、観光で生きている町でありながら観光を支える地道な活動や基本的な部分がダメになってしまいました。事実、お客様は来ていない。

藻谷　確かにあそこの温泉には、基本のキが出来ていない宿がありますね。

山田　こういう場合、事業者や住民と行政の間で一番のミスマッチが生じるのは時間軸の問題です。民間で創意工夫をしている人たちは、長い時間をかけて継続的に地域の価値を高めようと考えているのに、行政が介入すると否応なく単年度予算主義に付き合わざるを得なくなる。そして必要も無い単年度の補助金を無理やり押し付けられ、その結果、その一年で事業が終わってしまう。

例えば、ご当地グルメを作るにしても、イベントをするにしても、行政はコアになる人をうまく巻き込むわけです。巻き込んで一つの事業を立てる。ところが、行政は事業者が過去にやってきたことも全部吸い上げ、「この事業は民間の発案ではなく、行政がきっかけを作ってやってきたものです」という形にされてしまう。これは国レベルでも起きています。省庁が出してくる成功事例と言われているものにもこのパターンがある。

そんな様子を見ていると、関わっていた人たちがアホらしくなって逃げ始める。気が付くと、最初にイニシアチブをとってやっている人たちはどんどん孤立してしまう。また、地域を巻き込んで事業をやろうとしても、下手に行政が出てくるとろくなコトにならないとわかっているから、自分がやれる範囲での事業に限定した方がマシだ、という話になる。そういうロジックが働いてしまうわけです。実は、行政側でも住民のことを分かっている人がいる場合もあるのですが、分かってない上司の「感情論」が入ると途中で担当者が代わり、単なる予算執行屋みたいな人に差し替えになったりします。

藻谷　だからこそ山田さんは、行政の一存や補助金の都合で活動が左右されない住民主体の仕組み、つまりブルガーゲマインデのような団体や組織を作ろうとしているわけですよね。

山田　はい、そこはかなり意識的に狙っています。事業単位ではなく、地域単位で永続的な活動を進めるためには住民主体の公的な経営組織が必要だと考えていますから。

それにしても、地域振興をより推進するためにいろんな補助金制度がありますが、このようなお金が最近はとても怖いものだと思っています。やる気があって頑張っている人たちでも、補助金をもらった途端に人格まで変わることがありますから。ほとんど麻薬です。うっかり必要もない変なお金を一時金としてもらってしまったために、やっている人たちの関係までもガタガタになったり、行政への依存度が高くなって活動が自主的に続かなくなるというパターンもやたらに多い。藻谷さんもご存じだと思いますが、補助金をもらうと高い確率でおかしくなります。

藻谷　私は山田さんと違って講演で上っ面をなでているだけで、本当に信用できる限られたケースでしかお金の世界には入らないようにしていますから、そこまで生々しい事例に遭遇することは多くないですが、確かにそういう面はありますね。

山田　多くの場合、行政側は活動を始めたばかりの団体や組織、もしくは、事業の芽が出始めたときに補助金の話を持っていくわけです。「こういうのがあるよ」と。特に新しく立ち上がったばかりの事業者は金銭的に苦しいところが多いので、ついつい手を出してしまいます。結局、いつの間にかほとんどの団体、組織がずっと補助金に依存する体質になってしまう。だから本当に麻薬です。それと、お金に負けなかったとしても補助金をもらうためには様々な条件があり、手かせ足かせになるようなしばりが多いので本当にやりたいことが出来なかったり、本質から外れた事業になってしまって失敗するパターンもあります。

補助金の正しい使い方

藻谷　逆にいうと、地域振興のための補助金で有効なケースというのはありますかね。

山田　ダメなところは補助金をもらって使って、それで終わっています。そもそも、自立していくために稼ぐことを真剣に考えて実践しているところでなければ何をしても自滅します。だからこそ補助金を受ける側がよほどしっかりしていなければならないのですが、上手く活用しているところほど自分たちの活動目的や性格に合った補助金制度にしか手を出してないです。

そういう意味でも、飛驒市古川の美ら地球は、補助金制度を上手く活用した事例だと思います。SATOYAMA EXPERIENCE を軌道に乗せるまでの二年間を県庁からの公募事業用の補助金で乗り切りました。彼らの事業がどれだけ将来性があったとしても、地元金融機関からすれば見たことも聞いたことも無い新規事業ですからリスクが高いと判断するのは仕方無いですからね。たとえ補助金を使ったとしても、事業を継続的に進めるための一時的な補助エンジンぐらいと捉えてなければ、気が付かないうちに依存体質化してしまいます。自分たちの目的を達成するために補助金を限定的に使うのですから、使う側には相当な覚悟としたたかさが必要だと思います。

例えば、観光振興でよくありがちな集客のための補助金でも、しっかりしているところはマーケティングの精度を上げるために普段は出来ないような広域的な基礎調査やオープンビッグデータの解析等に使うことで次の事業展開に繋がるようにしていますが、ダメなところはすぐに「プロモーションが大事だ！」とか言って宣伝や広告、広報だけに使ってしまって終わっています。

藻谷　でも悲しいかな、マーケティングと宣伝の違いすら理解している人が本当に少ない。中身を改善せずに宣伝だけすれば逆効果でしょう。

本当に長期的に腰をすえている地域では、関係者が私財を投じていますよね。たとえば広島県福山市の鞆の浦。江戸時代の技術で造った港の設備がそのままに残って今でも使われています。世界でも稀なので、イコモス（世界遺産の選定においてユネスコに助言する国際専門家会議）から「早く申請しなさい」と促されている地域です。古い町並みも残り、「崖の上のポニョ」や「流星ワゴン」の舞台にもなった場所ですが、広島県と地元の福山市は、港を半分埋め立てて駐車場にし、残る半分のまん前に橋をかけて道路を通すという計画を、それこそ四半世紀越しで推進してきました。そうなると世界遺産にはなれないのですが、当局はそんなものはどうでもいいという態度。この暴挙を止めるための一進一退の活動は、涙なしでは語れないのですが、普通の勤め人の奥さんであるキーパーソンをはじめとして、多くの人が、壊れゆく建物を守るために私財を投じていますよ。私も巻き込まれてお付き合いしています（笑）。

山田　本当は、地域全体のマーケティングのための調査費用や、文化財等の維持管理、景観修景のような整備には公金の投入も有効な場合があります。歴史的建築物や景観等のハード的なことだと補助金を使ったら間違いなくきれいになる。例えば、熊野川は三重県と和歌山県の県境になっていますが、自然災害で壊れてしまった後、双方の景観を合わせましょうという統一ルールができるようになった。こういう部分では復興だけでなく景観を良くするための整備に公金をつけることは有効だと思います。

基本的にはハード整備より、小さな組織や団体、民間事業者だけでは出来ない地域の人材育成には行政がもっと主体的に仕掛けてもいいと思っています。もちろん、稼げる人材育成でないと困りますけどね。

ボランティアガイドは「ストーカー」と一緒

藻谷　熊野古道は補助金も活かして、観光地としては飛躍を遂げた事例だと思うのですが、その中のガイド養成事業というのはどうなったのか、気になります。

山田　ガイド養成事業にも補助金はついていますが、残念ながらプロのガイドを養成するところにまでは至っていないです。全国的な問題だと思っていますが、本来は地域のサービス業としての稼ぎ頭でなくてはならないガイド事業なのに、日本ではボランティアのガイド養成がメインになっています。私が関わったガイド養成のプログラムからはプロで稼ごうとするガイドが出てきていますが、まだまだ多くはないですね。

藻谷　行政がすすめているガイド養成事業についても、山田さんは「ボランティアガイドばかり増えていてプロとしては使えない」と指摘されていますよね。熊野古道などではガイドをちゃんとプロにするぞという考えを持って、養成事業に税金も使ってきたわけですが、これは相対的にはマシと言えるんでしょうか。

山田　これも全国的に同じ問題を抱えているのですが、どこも的を射ていないというか、極めて効率が悪い。例えば、行政が主催するガイド養成講座は平日の昼日中に開催することが多く、基本的にリタイアした暇なおじさんおばさんしか参加出来ません。しかも、稼ぐ気がなく生涯学習の講座のような感覚で参加しているので、ビジネスの話をすると文句を言う人までいます。これでは、他に仕事を持った人たちや既にガイド業で活動している人たちがスキルを磨いて食っていきたいと思っても参加出来ません。

きつい言い方に聞こえるかも知れませんが、私は「質の低いボランティアガイドはストーカーと同じである」と言っています。相手が何を望んでいるのかも確かめず、自分の知識をひけらかすように上から目線でひたすらしゃべり続けて観光客につきまとっているわけですから。

藻谷　私も、本来は地域の貴重な雇用になるはずのガイド業をボランティアガイドがかき乱すのは、ちゃんとしたラーメン屋の店先で、「こっちならタダだよ」とカップ麺を出すようなものだと言っています。しかもお湯がぬるいのを。やるならお金を取るプロになってもらわないと困ります。そういう成長事例も見聞きはしますが。

それから国家資格でもある通訳案内士は機能しているのでしょうか？

山田　通訳案内士に関しては、試験制度が始まって六〇年以上が経過しましたが、現在、約二万人が登録されていて、これだけ訪日外国人旅行者が増えて需要があるにもかかわらず、実際にガイドとして活動している数は約三〇〇〇人に満たないのが問題です。資格自体も難しく、地域特性を活かすため等の理由もあり、地域限定通訳案内士の制度も出来ましたが、現場で活躍するガイドはそれほど増えていません。規制緩和も必要だけど、相変わらず無資格のブラックガイドも放置されたままなのが大問題です。通訳案内士は規制緩和の方向ですが質の悪い人材が増えるのは困りますね。

今後、日本の文化や自然体験をしたいという外国人のニーズが増えるのは確実なので、その対応のためには着付け、茶道、蕎麦打ち、寿司づくりまで様々な講師と通訳案内士の両方が必要だと思います。実は、都内にある日本文化体験交流塾というNPO法人ではこれらの問題を解決するような人材育成を行っています。語学力のある通訳案内士を各種体験の講師役として兼任出来るように育てているのです。

藻谷　確かに、体験の専門講師の語学力を上げるよりも、言葉のしゃべれる通訳案内士がいろんな体験の講師になった方が簡単で効率的だ。

山田　ダメなガイド事業と同じ問題ですが、全国各地には全く売れないひどい体験プログラムやツアーがたくさんあります。しかも、売れてない地域ほど何も改善せずにダメなまま売り続けてしまう。それでも全国的に見れば、以前に比べればガイド事業で稼げるようになっているのは確かです。特にエコツアーガイドによる体験ツアーは各地で人気が出てきました。近年、ラフティングやカヌー、ホーストレッキング等のアウトドア系インストラクターも、レッスンと共に自然や歴史、文化等に関する解説能力が高くなっています。どの様なフィールドであっても、現在活躍しているプロガイドの多くは、お客様の満足度を高めるために専門性やエンターテインメント性、解説、リスク管理等のスキルを向上させようと日々努力しています。これからは若い人を中心に稼げるガイドは増えていくと思いますよ。

観光業界のアンシャンレジーム

藻谷　ボランティアガイドや売れない体験ツアーの問題は、プロダクトアウトの宣伝ばかりでマーケティングがないという大問題ともつながっています。

でもそれを言うなら、マーケティングが一番欠如していて、一番間違った使い方をしているのは、各種代理店だの宿泊事業者だの運輸事業者だのといった、昔からある観光事業者の方ですね。山田さんと付き合う中でイヤと言うほど見てきたのは、「補助金で食ってる人たちがたくさんいる」という現実。特にひどいのが、多くの旅行代理店と広告代理店と観光協会。ずさんな観光行政をしているところでは、「ダメな旅館」も受益者です。これがどういう構造になっているかというと……。

山田　観光とはお客様を受け入れる側が地域全体で稼ぐことが基本です。ところが、地域全体で稼ぐビジネスのマーケティングは、日本国内ではほとんど誰も実施したことがない。マーケティングとは「顧客が真に求める商品やサービスを作り、その情報を届け、顧客がその商品を効果的に得られるようにする活動の全て」ですから、観光については本来なら各地の観光協会や観光連盟などがその役割を果たすべきですが、どこもそのような活動を全くしていません。マーケティングを行っていなければ、商品やサービスの企画がマーケットイン的な発想になるはずもない。

観光協会やそれに準ずる組織は、地域内の民間事業者が外貨獲得で稼ぎたいからこそ集まっている組織ですから、本来は行政から補助金を出すこと自体が不自然なのです。それなのに、多くの観光協会は役所や役場が丸抱えしている組織となってしまっています。これでは稼ぐことを前提とした事業化など絶対に出来ません。

では、そのような組織には行政からどういう風に補助金が流れているのかというと、まず予算のほとんどは観光協会の人件費で消えています。観光協会が自主財源をもって自主独立でやっているところなんてほとんどない。株式会社として活動しているニセコなんて極めて稀有な例です。そして、人件費以外は主にプロモーション活動という名の宣伝・広告活動費と単発のイベントの開催費用にお金が消えていきます。本当は、お客様の満足度向上のための調査や事業化等、つまり本来の意味でのマーケティングにお金が使われていないとダメなのですが……。

藻谷　「とりあえず観光協会で電話番雇ってます」ってことでお金が消えている。そして、効果のない宣伝と、意味の薄い親睦視察旅行を続けていると。

山田　はい。誰も読まないパンフレットや誰も見ない宣伝用ポスターにお金が使われています。一番イタイのがキャンペーンというイベントに湯水のようにお金を使うことですけどね。

藻谷　地方の印刷業者や中央大手の広告代理店は、それで相当食ってますよね。

山田　もしくは思考停止している他力本願的な観光協会だと、その少ないお金を持って旅行会社に駆け込みます。「うちを売ってください」とお願いに行くわけです。

藻谷　その上に旅行会社へバックマージンを払うんですね。で、旅行会社はそれで何をするかというと……。

山田　とりあえず、お金を持ってくれれば最低でもパンフレットには載せますよ。ですがこのネット時代に、旅行会社のパンフレットを見て旅行先を決めようとしている人は、基本的に高齢者だけだという調査結果があります。しかも、資料として手に取っているだけで旅行商品を買っているわけではない。なのに市町村よりも予算がある県の観光連盟あたりになると、パンフレット頼みがさらに顕著になりますね。

藻谷　地域の観光協会の上に県の観光連盟があって、そこには県から直接事業費や補助金がいくわけですね。そこが地域観光の元締めなわけだけど、やっていることは大体、大手旅行代理店に税金を流すパイプ役。

山田　しかも都道府県単位の観光連盟や観光コンベンションセンター、観光推進機構あたりになってくると、地元の観光に関係するいろんな団体や会社から出向として人が来ている。当然ながら出向者は自分の出向元の方を向いていて、自分のところに客と金を回すような事業を考えがちになる。これは大手旅行会社や代理店から地方の観光協会の事務局長や専務理事に出向しているケースでも同じです。するとどうなるか。一ヶ所で長期のバカンスを楽しむ「滞在型」を進めようという話が進まなくなるのです。鉄道会社やバス会社は移動してもらわないと稼ぎになりませんから。

藻谷　本当は滞在型を増やしてはじめて、地域にお金が落ちて活性化が図られる。ところが一ヶ所に長期滞在されたら、お金が旅行代理店や輸送事業者に落ちないので困る。だから、観光連盟や国までもが「周遊コース作り」という訳の分からない作業をやるわけですが、いまどき「周遊」なんて全く顧客ニーズに合っていない。そんなところが作った周遊コースをたどるなんて、外国人団体でもやらないでしょう。

山田　今、国内旅行は個人客が中心で、周遊よりも一ヶ所での連泊を選ぶ方が多くなっていますから。しかし、受け入れ側は、自分たちで直接お客様へ売るという一番利益が手元に残るようなことはあまり考えていません。ＢtoＢ（対事業者）には熱心なのですが、ＢtoＣ（対消費者）はほとんど無視です。

多くの県庁や観光連盟が「観光素材説明会」なるものを開催しています。旅行会社を集め、「素材を提供するので周遊コースを作ってください」という究極の他力本願なことが行われています。自分たちが持っていない販売チャネルを持っているのが旅行会社なのですから、協力関係を築くにしてもそれぞれの役割があるのですが、ほとんどの場合、地域側が何も考えずに丸投げしている。

実際、旅行会社も困っていると思います。「お金を出すから当地のコンテンツを足し合わせてツアーを作ってくれ、ついでにお客様を連れて来て」と言ってくるわけですから。

藻谷　そして、それらを組み合わせて周遊コースというセットメニューにすると、みんなそのセットメニューという「定食」を食べるだろうという発想ですね。

山田「マーケットイン」や事業化で自ら稼ぐという発想にならないのは、そういう構造的な問題がすごく大きいです。この構造の中でBtoCをやるとなると、結局お金のバラまきに終わってしまう。例えば、プレミアム旅行券のような割引券を各地域が発行するという発想です。これは個人旅行者に対するディスカウントにしかならない。しかも、そのプレミアム旅行券の販売までも旅行会社や代理店に委託するわけです。

藻谷　ディスカウントをすると、ディスカウントして来た人の分だけ売上げは落ちる。言うなれば「いま買うと安いよ」というキャンペーンを家電量販店がずっと打ち続けて、そうするとみんな欲しいものを買い揃えて行かなくなる、みたいな話。

JRの「ドーピングキャンペーン」

山田　この割引キャンペーンが怖いのは、頑張っていいサービスや商品を作っている地元の真面目な事業者が、やる気をなくし離れていってしまうことです。なぜやる気をなくすかというと、「あなたたちの提供しているサービスや作った商品は補助金をつけて安くしないと売れない価値のないものだ」と言われているに等しいからです。だから、意欲的な事業者ほど観光協会や観光連盟に協力しなくなる。そもそも、そうした事業者は直接お客様に対して売るべく商品を作り、それだけの価値とそれに見合う値段を付け、事業としても成り立たせている。それなのに、いきなり大きな枠組みの中で「値段を下げてくれ」という話に巻き込まれたら、迷惑そのものです。

藻谷　つまり観光協会や連盟が売ろうとするセットメニューは、基本的にネット直販できないダメな旅館に泊まって、他所産の量産品しか売っていない土産物屋をバスで回ります、みたいなツアーになりがちなわけですね。補助金を入れて安くしたツアーに人数が集まるのを、自治体も首長も成果だと誇る。その繰り返しになっている、と。

山田　単純な割引キャンペーンよりも更に怖いと言われているのがＪＲの「デスティネーションキャンペーン（ＤＣ）」です。最近は「ドーピングキャンペーン」と呼ばれていますね。ＤＣの場合、それこそ地域内の全観光事業者が巻き込まれるので、嫌でもついていかなきゃいけない場合がある。実際、ＤＣを仕掛けた後に継続して売れているという地域はほとんどありません。キャンペーン後はどこも数字を落としていますから。

藻谷　どこがキャンペーンしているかは、首都圏民はほとんど誰も気付いてないですよね。キャンペーンの現地では、無理矢理買い叩いたものを安いセットにして出しているわけですが、安い定食をたくさん食べたい客なんていまどき少ない。

ところで、いま旅行代理店を使って旅行する人、全体の何割ぐらいですか。

山田　パッケージツアーから鉄道の切符の購入だけも含めて、旅行会社を使って宿泊を伴う旅に出る人は全体の約三割です。

藻谷　その中には、なじみの代理店に切符だけ電話注文している人も多いでしょう。しかもネットを使う若い世代はあまり代理店にはいかない。高齢者中心の、客単価の低い小さな市場相手に、大きな補助金を使ってしまっている。それに付き合わされる事業者のほうも、わざわざ安い値段で商品を出させられる。でも、ちゃんとした金を払ってくれる客の横で、安い金を払ってあっという間に去って行く客が同時に入っているようだと、場の雰囲気がおかしくなります。

山田　そういうキャンペーンやパッケージツアーに組み込まれてしまうと、値段だけでなくて内容も変えられてしまいます。例えば、地元で苦労して企画した一日ツアーや半日ツアーが注目を集めて売れているとします。それには利益が取れるだけの値段も付いている。もちろん、ターゲットとした顧客もしっかりとグリップしています。ところがキャンペーンやパッケージツアーの中に入れるとなると、「周遊コースに入れるから半日ツアーを二時間にしろ」とか「一日のツアーを半日にしろ」といった無理筋の要求が出されるわけです。そうすると、地元が考え抜いた素敵なツアーの一部分だけが「つまみぐい」され、本来の魅力や良さが伝わらず、お客様の満足度も下がってしまいます。同じ問題は食事でもあって、折角の料理も低価格化させることで内容をダメにする。

藻谷　そういうことを組織的に繰り返しているのが観光キャンペーンであると。じゃあ誰がそれで受益しているかというと、キャンペーンに絡んでいる広告代理店、ポスターを刷ってる印刷業者、バス会社、それから薄いマージンを取れる旅行会社。

山田　あと、普段はお客様がさっぱり入らないダメな宿も。

藻谷　そんな宿に限ってヒマなのでオーナーが議員をやっていたりして、政治力があったりするわけです。なるほど、大型イベントも含めたキャンペーンがドーピングだっていうのは、そういうダメな事業者の延命になっちゃってるからですね。行った人は不満でも「安いから仕方ないか」となって、二度と行かない。他方でつぶれるべきものが淘汰されないと、地域のブランド価値も毀損してしまう。

山田　世の中には格安パッケージツアーファンも少なからず存在しているのもどうかと思うのですが（笑）。それと、いろんな地域で「プレミアム旅行券」のような割引キャンペーンを以前からやっていますが、その結果や内容等を調べてみると、購入者のほとんどがハードリピーターかビジネス客だったということがあります。補助金で割り引かなくても来てくれる人にわざわざ安くしてしまったという結果にしかなっていない。新規の顧客開拓にはまったく繋がらなかったということです。

藻谷　補助金で今あるものを安くするというだけで、商品開発という考えがない。

山田　今あるものをとにかく安く叩き売るか、特典を山盛り付けて売るという考えしかないようです。しかも、商品化することで利益を上げずに素材だけを叩き売ってしまうので、素材も消費されるだけで価値が下がります。

顧客フィードバックの不在

藻谷　商品開発するのに絶対必要なのが顧客フィードバック。顧客フィードバックを集めるシステムがないところで、手探りでディスカウントなんかしていれば、業界全体が死んでしまう。

スイスの場合は、エリアごとの顧客データベースがあるわけですか。

山田　スイスはもちろん、欧米は各地域単位で顧客データベースを持っているところは多いですね。それはなぜかというと、お客様が宿泊時に記入している個人情報を各観光局が一括して管理しているからです。その顧客データを地域全体のマーケティングに徹底的に活かしています。また、他国では当たり前の宿泊税の導入が宿泊客のデータを集める元にもなっています。

日本でも東京は宿泊税を宿泊代が一万円以上の場合に限って徴収していますが、純粋に都の税収だけの話になっていて、宿泊者の情報を観光や地域のマーケティングに活かそうということにはなっていません。日本では個人情報保護法の壁があるので、宿泊者の情報を勝手に二次利用することも出来ない。食中毒が出たときに保健所でチェックが入ったり、警察の犯罪捜査に提供されるくらいです。

ですが顧客データベースは、現在の「マーケティング４・０」の世界では絶対に必要なものです。これまでマーケティングも「１・０：商品・製品中心志向」から「２・０：顧客の機能的満足」「３・０：顧客の価値や精神的満足」と進化してきました。そして、現在の「４・０：自己実現満足」では、顧客が享受する商品・製品・サービスにより要望、欲求が達成されたかどうかの結果が重視されます。某トレーニングジムのコピーじゃありませんが、「結果にコミット」することを続け、お客様の満足度とリピート率を上げるためには、個々のお客様のニーズとウォンツを絶えず捉えなくてはなりません。そのためには、顧客データベースでCRM（顧客関係管理）を構築し、CLTV（顧客生涯価値）の向上を推進することが重要です。

いまどき、コンビニエンスストアから百貨店、航空会社まで、顧客データベースを活用するのは当たり前になっています。それを、本来は究極のワン・トゥー・ワンが求められる観光の現場が地域として持っていない。そうすると、下手な鉄砲を的も絞らずに大量に撃ってしまうことになります。しかも、ほとんど当たらない（笑）。

藻谷　個人情報保護法の形式的な適用という問題もありますね。観光立国を国策としてやるんだったら、特に訪日外国人旅行者向けにはそういうところも変えましょうねという話をしないといけない。

山田　そうなのですが、そのときに「では、どこがやるんですか？」という話になるのです。今の観光協会や観光連盟の仕組みや人材では現実問題としてマーケティング4・0までは実施出来ないですから。

藻谷　２・０でも無理でしょう。そもそも既存の旅行代理店からすれば、「プロの顧客」が育つのはまずいんですよ。基本的に素人に「こんな商品はいかがでしょう？」とすすめることで成り立っている商売ですから。仕入れている商品の素材も、ネットでの直販ができないような時代遅れの旅館とか土産物屋ですから、目を育てていない顧客と能力の低い事業者がいなくては、自分たちのビジネスが成り立たない。

山田　実際、自分たちで売っていける宿や観光地は、旅行会社に依存しなくなってきています。そうすると、ダメなところほど旅行会社に頼って延命をはかるという構図がますます強まりますね。

竹富町の革新的試み

藻谷　逆に言うと、継続的に価値を高め続けている日本の観光地って、どういうところがあるんですか。例えばニセコって何をやってるのかな？

山田　ニセコは、そのベースができたところだと思います。観光協会も株式会社になり、マーケティング的なことをやろうとしている。ただし、まだ顧客データベースの構築までは行っていません。一方で、顧客データベースの構築から進めようとしている場所があります。

藻谷　どこですか。

山田　沖縄県の竹富町です。二〇一五年の春に「島々サポーターズクラブ」というファンクラブを作りました。そのクラブカードにポイント制を導入したのです。竹富町には九つの島がありますが、各島への移動や宿、お店で集めた行動履歴等を地域で共有して全体のマーケティングに活かそうとしています。今後、このファンクラブカードを持った個人のデータがとても重要になります。このしくみづくりの提案と実施段階では私がお手伝いをしました。

藻谷　それには店や宿にカードリーダーが必要ですよね。

山田　竹富町では、地方創生の取り組みの中にあった電子マネーとクレジットカード決済の普及促進事業を活用しました。カードリーダーだけを持つ必要はなくて、クレジットカードの決済機にソフトを入れることでポイントリーダーにもなります。交付金や補助金を使うならば、これぐらいしたたかに使うことが出来れば良いと思いますよ。

藻谷　クレジットカードを使える店であれば、ソフトを入れるだけで、ポイントカードリーダーにもなるわけですね。ポイントカードを持っているファンクラブの人は、行ったときにポイントを貯めたいのでお金を使う。コンビニと同じですね。

山田　この場合、重要なのは自前でカードとポイントを発行することです。大手のポイントカード会社の制度に組み込まれると、導入コストも高くなりせっかくのデータも持っていかれてしまいます。その上、データを利用する度にお金を取られてしまう。

ファンクラブに入る方は、一度は来たことがあるか、もしくは興味があって好きで入ってくる人たちですから、そういう人に直接メール等でコンタクトすれば、レスポンスもしっかりあります。新商品を企画する時でも、例えば、新しいスイーツを開発するのならば、顧客データベースからスイーツ好きをセグメントしたり、スイーツ購入の消費履歴がなかったとしても、データベースから二〇代の女性をターゲットにしてメールでアンケートを打つこともできます。その回答にある意見やアドバイス等を反映した商品を作って、その人たちに先行販売することだってできる。ポイント付きのアンケートにすれば回答率も上がります。

藻谷　つまり、通常のホテルチェーンや楽天トラベル、じゃらんが全国一元でやっていることを、特定の地域だけでやりましょう、そのことによって地域のリピーターを増やしましょうということなんですね。

山田　現在、日本で発行されているポイントのほとんどは相互交換や利用が可能になってきています。そういう状況ならば、自分たちでポイント制を持ったとしても後々不利になることもありません。当たり前ですが、顧客それぞれのニーズが分かるようになって、ようやく継続的なマーケティングに結びつくわけですから。

藻谷　逆説的ですが、これは日本の一番端っこである沖縄の離島だからできたのかも知れませんね。一蓮托生モードで「生き残り」を考えている。その意味でスイスっぽい。

山田　実は、他の地域でも同様の動きがあります。青森県七戸町や北海道伊達市でもファンクラブの立ち上げと共に顧客データベースの構築と活用を始めました。それぞれポイント制を導入しただけでなく、住民向けには図書館カードと兼用にしたり、市民の健康増進の進度を数値化するためにポイントを使ったりと、どこも個性的な取り組みを始めています。県単位では宮崎県が会員制度を始め、富山県や青森県、長野県が顧客データベースとファンクラブの検討に入っています。どこも今後の展開に期待していますが、本当にマーケティングの実施に至るかどうかは未知数です。

それと、地域マーケティングということでは、オープンビッグデータの活用も忘れてはならないです。特にマーケティングの初期段階では、最初に市場や地域の環境分析をせずに動き出しても効率が悪いだけなので、市場の大きな流れや全体像、トレンドを捉えるためにもオープンビッグデータから読み取ることは重要です。

自治体の「旅行会社依存体質」

藻谷　なるほど。いろんな動きが起きているのですね。先程、宮崎県が顧客データベース化で先進的なマーケティングに取り組もうとしている話がありましたが、今の宮崎県知事の河野《こうの》俊嗣《しゅんじ》氏は若くてビジネス感覚があります。前任者についてはコメントしませんが（笑）。河野さんは総務省出身の元官僚です。総務省は中での個人差が大きい省庁で、センスのいい人はすごくセンスがいい。そういう人が自治体のトップにいると話は早くなる。

山田　ただ、トップがいくら理解していたとしても、県庁の担当職員が全く理解していないこともあります。そして、本当にやろうとするならば、既存の観光連盟やコンベンションビューロー等の組織改革とセットでなければしくみとしてうまく回りません。今お話ししたような、観光業界のアンシャンレジーム構造が温存されたままだと、どこで横やりが入ってくるか分からないですから。

藻谷　補助金を横流しして印鑑ついているだけで給料もらえている人たちに、「新しい仕事をしろ」って言ってもしないですからね。しかも、イベント屋になっている場合は物理的に時間もない。彼らの意識の中では、「面倒臭い余計な仕事が増えた」ってことにしかならないでしょう。

山田　その抵抗力は本当に大きいですよ。私の関わっている地域でも、改革を進めれば例外なく起きる問題です。そういう力が大きいところほど、あらゆる事業を外に丸投げする。大手コンサルタントや旅行会社等への外部依存体質がすごく強い。何をやるにしても「やらない理由探し」ばかりしますからね。

そういえば最近、自治体と旅行会社の間に入って双方を繋ぐことを得意とする会社もあります。このビジネスモデルを他の業界の人に話すとかなり驚かれます。

藻谷　そこは何をしているんですか。

山田　一言でいうと「あなたの地域を旅行会社のパンフレットに載せてあげます！」です。載せるのが成果で、それで旅行商品が売れるかどうかは関係ないようです。

藻谷　やる気のない客筋相手だけに成り立つ、究極のニッチですね。代理人の代理人みたいな存在（笑）。

山田　そういう会社が行政とか観光連盟、観光協会にはありがたがられますね。彼らにしてみれば、お客様が増えるかどうかよりも、多くの旅行会社のパンフレットに載ることが最大の成果ですから。旅行会社のパンフレットに載せるには、現地のプログラムやグルメもそれなりの形にしなければならないので、その段取りだけはその代行会社がうまくつけてくれます。行政にしたら、何をやっていいのか分からないとか、どこに売りに行けばいいのか分からないからとてもありがたい存在なのです。一番苦手なところを代行してくれますからね。

藻谷　行政の場合、ようやく問題の所在が分かったあたりで担当者がローテーションで代わっちゃったりして、なかなかプロが育たない。これもすごく大きな問題です。

ローテーションで来た人は、自分では全く旅行しない人である可能性も高い。そうすると、いまだに旅行する人は代理店に行ってパンフを見るんだと本気で思っていたりする。回転寿司しか行かない人がグルメ振興の担当になったようなもので、ただただ悲劇です。そこに、いま山田さんが言ったような会社がやってきて、「とりあえずパンフレットに載せました」となると「よくやった！」となってしまう。

飲食店の世界ではみなネットが情報源で、飲食店を紹介する代理店なんて存在しないし、代理店の出す飲食店マップに店を載せてやるといってフィーを取るビジネスなんて存在しない。それに比べて旅行業界はまるでIT石器時代ですね。

山田　某観光課の担当者に話を聞くと、そういうところにでも頼んで入ってもらわないと、地元の事業者が新しい商品を作るようにならない、とか言っていますね。地元は地元で「本当に食うに困っている人」は少ないし、本当に困っている人たちは既にいなくなっているか、補助金をもらって何とか生き延びようと思っているので危機感がない。やる気のある事業者は足を引っ張られていますから、変な動きからは逃げる。

ダメな地域ほど全くやる気のない観光事業者が大量に存在していることが問題になるのですが、逆に言うと、旅行会社からすれば売れない部屋の在庫を抱えている旅館やホテルがないと商売ができない。流通業としての旅行会社が持つ構造的な問題ですね。

藻谷　今どき旅行代理店に行く人は、国民の三割しかいない。うっかり行くと、代理店に出さないと客が来ないような旅館を売りつけられる可能性がある。つまり、今の旅行代理店は、ダメな商品を集めて感度の低い客に売るというディスカウンターサービスになっているわけですね。旅行代理店には、「あの旅館はダメ」という苦情も集まるし、それをフィードバックして経営改善をするコンサル能力もあるんだけど、あえてやらない。改善しちゃうと直販を始めて、代理店を通さなくなっちゃいますから。これ、関係者はみんな知っているけど言わないですよね。

じゃあ、よくできてる旅館があればいいのかというと、困ったことに、よくできてる旅館が一軒だけあっても地域全体としてはぜんぜん価値が上がらない。

山田　この業界で、「一旅館だけ栄えているけど地域全体は活性化しないまま」の実例としていつもあがるのが、能登半島の和倉温泉です。「おもてなし日本一」の加賀屋は良いけれど、地域としてはそれほど潤っていない。一つの有名旅館が突出しているだけでは和倉温泉や能登全体の活性化にはならないのです。そうは言っても、「一つだけでも核になる旅館があるだけまだマシだ」と言いたくなる地域が全国にはいっぱいありますけどね。

旅行会社もこれまでの手数料商売ではやっていけないことは自覚していて、新しいビジネスモデルを創造しようとしているところもあります。特に、発地側の都合ではなくて着地側の地域と共に一緒に事業化することも増えてきました。そうでないと、旅行業としての将来性を見出すことが難しくなってきますから。これから大手の旅行会社ほど淘汰されるようになると思います。実際、専門特化した中小旅行会社の方が元気なところが多くなっています。そういう事情を分かっているので、最大手のJTBグループが総合旅行業から脱却して「交流文化事業」を目指すことを掲げていますが、これまで分社化を進めてきたことも含めて、成果を出すのはこれからだと思います。

有名観光地でゾンビたちが大復活！

山田　最近の動きでとても気になるのは、全国的に有名な観光地や温泉地の観光協会や宿泊業組合等の組織で、役員が老齢化していることです。これまでの古い体質から脱して、新しい組織で動きだしたと思ったら、役員が前の世代に先祖返りしてしまっている場合も多い。でも、居座っている古い人たちも何をすればいいのかぜんぜん分からない。役職を手にして喜んでいることだけは確かですが（笑）。

九州にある超有名温泉地でも、新しい観光推進組織が立ち上がり地域全体で支えていかなくてはならないという時期に、地元の宿泊業組合の役員が代わって「逆走」が始まったことがありました。役員が代わっただけで、それまでまちづくりに頑張っていた組織がただの会員同士の親睦会になってしまった。全国の老舗温泉地ではいくつも実例がありますが、どの地域でもうかうかしているとやる気ある若手にとって代わろうとするヤクガイゾンビに乗っ取られますね。ヤクガイとは薬害ではなくて、役職だけを欲しがる役害です。

藻谷　観光地は地域としてまとまって行動しなきゃダメですよという話をすると、若い世代は比較的分かってくれる。なぜかというと、いい時代を知らないから。

旅行業界のアンシャンレジーム構造がなぜできたかというと、戦後、旅行の「リョ」の字も知らない人たちが一生に一回ぐらいは旅行に行ける時代になり、さらに一年に一回ぐらい行ける時代になったので、今の中国人による爆買いみたいな現象が国内で起きたわけです。素人さんが大勢旅行に行くので案内業、つまり旅行代理店が大成長を遂げるという時代が七〇年代にあった。年寄りの脳中にはその残像がいまもあるんだけど、そんなのを知らない若い人たちは、昔の常識は役に立たないと分かっている。旅館だって、飲食店と同じように直接ネットで見て自分で選ぶと分かっている。だけど、旧来型の人たちがまだ生き残っていて、客が来ないと「お前ら観光協会のプロモーションが悪いからだ。だから俺に実権を戻せ」となってしまう。有名観光地で起きているのはそういうことですよね。せっかく若手が頑張ってやろうとしたり、北陸の某有名温泉のように県の観光担当が事情を分かって指導していたところで、突然先祖返りが起きてしまう。

もしくは、世代交代を全くせずに老害が残る。

山田　まあ、戻ってきても考えることは単純な宣伝や広報が中心で、例えばいきなり知事のところへ行って「大河ドラマか朝ドラを引っ張ってこい」と訴えたりするから、行政側も頭抱えますよ。

藻谷　つまり彼らは、「知名度が落ちているから客が来ない」という認識なんですよね。松下村塾のあった山口県の萩は二年に一度は大河ドラマに出ているけれど旧態依然の事業者の巣のようになっています。関ヶ原も同じく二年に一回は大河ドラマに出るけど、誰も観光に行かない。事実に照らして考えればわかりそうなものですが、考えない。ましてや知名度ではなく自分の経営が悪いと考えることはない。

山田　その力に屈して補助金を出してプロモーションをしたら、それこそ彼らや代理店の思うつぼです。力技のキャンペーンで無理やりダメな旅館やホテルにお客様が来たとしても、自分たちの貧しい経営力は棚に上げたまま更に何もしなくなり依存体質が強くなるだけです。しかも、ダメ旅館やホテルに行ったお客様が満足出来ないので更に評判が悪くなる。結果的にはネガティブプロモーションにしかなっていない。

怖いと思うのは、新幹線開業効果や高速道路、架橋の開通効果、そして訪日外国人旅行者効果で一瞬だけ吹いている最大瞬間風速的な集客力ですら、自分たちの力だと勘違いしていることです。何もしなければ翌年から客足が落ちていくのははっきりしているので、その時にはどうするのか見ものです。この他力本願的なひどい業界構造が、日本中の古くからの観光地で起きている偽らざる現実ですよ。

しかも、この他力本願は国レベルでも同じことが起きることがあります。観光庁やJNTO（日本政府観光局）も最近は地方の小さな事業者に対しても力を入れてくれるようになりましたが、国策として大きな施策と事業を進めるためには大手が中心となることは仕方がないと思います。観光業界の主力はどうしても大手旅行会社や運輸会社、大手ホテルチェーン等ですから。ただ、業界側にも「役所なのだから、業界を守るのが当たり前だろ」という意識でいる人が少なからずいるんですよ。まるでバブルの前の金融行政みたいです。その前に、「まずは売れる商品やサービスを提供するために努力しましょう」というのが民間事業者の態度のはずですが。

観光庁の構造的問題

山田　そして、そういう状況の中で政府や観光庁の動きと言えば……。

藻谷　観光庁は二〇〇八年、自民党政権の時に出来ましたが、民主党政権になった時、初代観光庁長官として尽力されていた国交省出身の本保《ほんぽ》芳明《よしあき》さんが当時の前原誠司国交大臣に切られてしまいましたね。前原さんといえば、あらゆる反対を押し切った羽田空港の国際化は、彼でなくてはできなかった大ホームランです。ですが観光庁は、初代の本保さんの時はまだ政策として大きく動かそうということがあったけど、前原氏の同郷の元総務官僚が大抜擢で長官になった時代には、観光庁は「プロモーション」しかしていなかった印象がある。今の長官は実務家に戻っていると思うのですが、あの時期に私も観光庁と一気に関係が切れてしまって、よくわかりません。

山田　時の政権や政治力で強引に入ってくる有識者やコンサルタント等もひどい時がありますね。そういう人たちに限ってほとんど現場での実績が無い。それなのに、机上の空論でやりたい放題するのでいろんなことが振り回されてまともに進まなくなる。しかも、大きな予算が付いてることが多いのでタチが悪いです。

訪日外国人旅行者の対応についていては、伸びている今こそ、次に繋げるために調査等を徹底的にやった上で現場へフィードバックしなければ改善も新しい企画も出来ない。もちろん、重要なことを全くやってないのではないのですが、どうしても目立つ宣伝やイベント等の一過性のものが主流になっています。JNTOも組織内に海外マーケティング部があるのですが、まだまだ実際のマーケティング機能を担うには程遠い。やっと観光庁から予算も権限も移ってきたので今後に期待です。素晴らしい人材も多いのですが、放っておくと霞が関のロジックに取り込まれてしまいますから、現場をよく理解した上で政策をうって欲しいです。

藻谷　観光庁やJNTOはやっぱり役所なので、手段であるはずの施策や事業の実施が目的化してしまう傾向があるんですよね。「流行のビッグデータを使え！」みたいな話が先に出てきて、それで何をするのかの議論が深まらない。戦艦大和の主砲の口径をでかくしました、でも使い方は分からないので特攻させました、みたいな。

観光業界には、大小あらゆるメーカーが普通にやっている「PDCAサイクル」が浸透していない。商品を設計（P）して世に送り出し（D）、フィードバックをチェック（C）して問題点を直す（A）のが通常のプロセスですが、観光業界にはCとAが欠けている。山田さんは、そのCとAをきっちりやりなさいということを言っているわけです。チェック手段として、さきほどの竹富町のようなファンクラブを作りましょう、それで得た情報を商品開発に向けましょうと言っているんだけど、ダメな商品があることによって生き延びている人たちが業界の主流を握っている以上、アジャストメントは許されない。

山田　そもそも最初のPの内容が全くダメな場合が多いですから、その場合は、いくらPDCAを回しても無駄なだけです。

藻谷　話せば話すほどひどい業界だという話になりますが、他にこんな業界があるかって考えると、直販所も通販もなかった時代の農業みたいな感じがするんですよね。今、農業は直販花盛りです。大手直販所が各地にできて、商品のクオリティがよくなった。それが大手流通にも波及して、大手スーパーの売り場にも直販所めいたものが増えてきている。先んじてそのことに気付いて自己改革をした一部の農協は大手とも組めたし、多くのダメな農協は安売りを続けているだけ。規制だらけの農業分野でも、競争原理は働いたわけです。ところが旅館の場合だと、今の段階では農協に当たる旅館組合がほぼ機能してない。

山田　逆に、そこまでひどいと後はいい方に変化するしかないじゃないか、という気になりませんか。

藻谷　「うまくて安心なものであれば、もっと高い値段を払ってもいい」と言う顧客が多くいて、おいしい農作物がとれる日本の地の利がある以上、農業が変化するのは当然だったわけです。同じように、日本がバリエーション豊かな観光素材の宝庫で、かつ客には目の肥えた中高年層や個人客の外国人が増えている以上、普通に考えると観光業界も変革しなきゃおかしいはずなんです。その意味では、希望はありますよね。

第6章「本当の金持ち」は日本に来られない

世界一の酒がたったの五〇〇〇円

山田　世界には、観光やレジャーなどに年間一〇〇万ドル以上を支出する人が約一〇万人いると言われています。しかし、日本の場合、そのハイエンドの需要を全く取り込めていない。日本の場合はせっかくのいいものを、わざわざ自分たちで価値をおとしめて、安くしてしまっているようなところがあります。

藻谷さんがいつもおっしゃっていますが、秋田の湯沢で作っている「福小町」というお酒は、二〇一二年にお酒の世界コンテストで世界一になりました。このお酒の最高級ブランドが、四合瓶でわずかに五〇〇〇円です。世界一のお酒ですよ。ワインだったら年代物で数百万円の値段がつくものがごろごろしている。フランス料理に合わせるならワインかも知れませんが、最高の和食には最高の日本酒を合わせるのが当然だと思いますが、その最高峰となれば五〇〇〇円でなくて五万円であってもおかしくない。そうした方が、ブランドの価値は世界的にあがるし、材料や製法の改良にもつながって、さらにブランド価値があがるという好循環を生むのですが、そういう発想にはならないですね。

藻谷　この話はいくら言っても伝わらないんですよ。世界一に認定された酒なんだから五〇〇〇円では安すぎるくらいなんですが、講演した時に聴衆に聞いてみると、「四合瓶一本で五〇〇〇円は高い」という反応が返ってくることが多いです。自分とは違う他人がどこに価値を見いだすかという発想に根本的に欠けていて、すべて自分の感覚や常識でしか判断できない人が多すぎる。これはまあ、言い続けるしかありませんが。

山田さんが仕掛けた北海道・松前の旅館で提供している「本マグロまるごと一本解体プラン」は一人前二十一万円からですが、一人からでも津軽海峡産の本マグロを用意して好きなように食べてもらう企画は受けましたよね。かなり売れているんじゃないですか？

山田　元々、超富裕層向けの企画ですからそれほどバカ売れするものではありません。ただし、明確な旅の目的として富裕層が選んでくれていることは確かです。この企画は事前に狙った通り、日本人が気付く前に海外の富裕層やマスコミの方が先にかぎつけました。今では日本の商社が接待などでも使ってくれます。富裕層をターゲットにしたマーケットインの発想がうまくはまったケースです。

藻谷　富裕層マーケットは確実にある。山田さんも私も富裕層ではないですが、それに気付いている。だからアジア発の最高級ホテルグループのアマンにも早く日本に上陸してもらって、同じように富裕層でない日本人にも気づいてほしかった。十年越しですが、ようやく大手町にアマンが出てきました。伊勢志摩にも出来ました。京都にも出る話があるみたいですが。

山田　アマンが京都に目をつけていたのは慧眼で、もしできていれば今頃、京都一の高級リゾートになっていたことは間違いありません。京都はその後、ものすごい訪日外国人観光客のブームになっていますから全体的に宿泊施設が足りていないのですが、特に富裕層向けは全く増えていません。一泊二〇万から一〇〇万円くらい払う富裕層のお客様は結構いるのですが、受け入れ先としてその価格帯のホテルがないからせいぜい三万か五万円くらいのところで泊まっていますね。

藻谷　ホテル予約のサイトで検索していても、ヨーロッパの場合は一晩四〇〜五〇万円くらいの部屋がゾロゾロ出てきますよね。ところが京都なんて、高い部屋でも一〇万円いくかいかないかくらいでしょ。

山田　星野リゾートも京都に出て、都ホテルもウエスティンになり、二〇一六年の一〇月にはフォーシーズンズ京都も開業しましたから、ピラミッドの頂上部分は確実に上がってきていると思います。フォーシーズンズの一番高い部屋は一泊一二〇万円ですから、そこは他の都市と比べても遜色がなくなってきました。上質さでは老舗の柊家や俵屋もありますが、更に多様性や上位のクラスがあってもいいと思います。ピラミッドの頂上部分がもっと高くなることで市場全体がシャワー効果で多様化して伸びないと、観光地全体の価値が上がらないですからね。

藻谷　インバウンド時代になって痛感しますが、大都市や有名観光地の高級ホテルは需要に対して供給が全く追いついていないですよね。

だけど確実に、山田さんが最初に言っていたときは世間が「なんだそれ?」という感じだったものが、近年どんどん現実になっていますよね。例えば富裕層マーケットの話を山田さんが日本で語るようになった十数年前、東京にはまだ新宿のパークハイアットくらいしか外資系の高級ホテルがなかった。オークラとニューオータニと帝国が「御三家」で一番高いという状態だった。その後にコンラッドもリッツ・カールトンもペニンシュラも来た。あのクラスのホテルだと、一泊一〇万円ぐらいは普通に出しているでしょ。

山田　ええ。それでもラグジュアリなホテルはまだ全く足りていないと言われています。

藻谷　そして今度ついにアマンが三井不動産と組んで日本にホテルを作った。三井不動産は東南アジアに最初に進出した日本の不動産会社で、だからマレーシアの経済界とは昔からネットワークを持っていた。その三井の力をもってしても、あっちこっちから邪魔が入り、アマンを日本に持ってくるのにこれだけの時間がかかったのかもしれません。

山田　アマングループには十数万人の顧客リストがあって、世界中に「アマンジャンキー」と言われるラグジュアリなお客様が贔屓客として付いていますから、どこにホテルを作ったとしてもその場所の成功は約束されています。自分たちが抱えているお客様が行ってくれるわけですからね。何故、それを邪魔し続けるのか意味がわからない。マイナスになることは何もないですよ。アマンリゾートにしか行かない人が新たに来るだけで、既存のホテルのお客様が取られるわけじゃない。地域の格が上がることに寄与してくれますからね。

「アラブの大富豪」が来られるか

山田　世界の富裕層、ラグジュアリ層の話と関連して、よく冗談半分で言われるのは、アラブの王族は日本に来られないという話です。日本には彼らが泊まれるようなホテルがないからと言われてます。

藻谷　彼らは一泊に数百万単位でお金を出すわけでしょ。でも、日本にはそういうホテルがないのでしょうね。目の肥えた客が、お金を出して損しなかったと言ってくれるサービスをするには、まず英会話からしてハードルが高い。

山田　しかも彼らは、プライベートジェットを使って一族郎党でやって来ますから、その人数分の部屋が必要になります。サウジのアルワリード王子なんて、個人で二階建て飛行機のＡ３８０を持っていますからね。最近、観光庁やＪＮＴＯだけでなく、経産省なども「ラグジュアリ層の獲得」ということは言っていますが、アラブの大富豪のような度外れた富裕層は狙っているのかどうか、どこまで意識しているかもわからないです。本当はそのクラスをもっと狙ってもいいのですが、現状では「来てもどこに泊まるの？どこで何してもらうの？」という状態です。

藻谷　アラブの王族は途上国のリゾートだけに泊まっているわけじゃない。先進国でも泊まるわけです。人件費の高い国だって、場合によっては五〇〇〇万円でも一億円でも払うから滞在したいと言っているのに、日本だと対応するところがないとは。

山田　日本の高級ホテルでもスイートルームの数からすれば圧倒的に足りていませんね。

藻谷　ブルネイ国王は日本にしょっちゅう来ていますが、お忍びで来ていて取り巻きが少ないので何とかなるのでしょう。彼自身は自分の国に世界一ラグジュアリな七ツ星ホテルを自分で持っているくらいの人物ですが、日本に来たときだけは目立たないようにして普通のホテルに泊まってるんでしょう。ディズニーランドが大好きで、よく来ていたという話ですよ。

近鉄とJR東海という「問題企業」

藻谷　ところで、アマンリゾートが出来た伊勢志摩だけど、率直に言って本当に「困った観光地」だと思うんですね。山田さんは三重県出身だけど、どう思ってますか？

山田　鳥羽はエコツーリズムの推進による連携では全国的に見てパイオニアと言える地域で、個々の事業者では素晴らしい方々がたくさんいます。他方で「伊勢志摩」という括りになった瞬間にスピードが落ち、機能しなくなることがあります。伊勢志摩地方とは言いますが自治体としては、伊勢市、志摩市、鳥羽市、南伊勢町の三市一町でそれぞれ違います。

藻谷　伊勢市が人口微減。他は激しい人口減少の真っ最中で、消滅可能性自治体の典型です。特に鳥羽や志摩は、自分のことしか考えない大手観光事業者の巣窟という感がありますね。小さな事業者には頑張っているところも多いですし、鉄道も大きな観光事業者もない南伊勢町は立ち上がり始めていますが、お洒落なカフェや若い人がやっているビストロなどは、たとえば沖縄や信州に比べても極端に少ない。

山田　伊勢志摩観光コンベンション機構という広域連携組織もあるのですが、オペレーション段階になると各地の思惑がぶつかり合うのだと思います。志摩市のように五町が合併したところだと市内での連携さえも難しく、いろんなエゴと利害を引きずったままになってしまいますね。そもそも、全体として目指すべき共通したビジョンが無いのも大きな問題の一つなのですけど。

藻谷　伊勢志摩が、元々の素材の良さに比してあまりに「不振感」漂う観光地になってしまっているのは、皆が近鉄頼みで、しかもその近鉄に今の時代にあった観光戦略がないからですよ。ＪＲ東海も自己中心の困った会社だけれど、近鉄も本当に古い体質を残した会社です。地元の観光事業者は「近鉄がやってくれるならオーケー。近鉄がやってくれないならダメ」みたいなマインドです。一方、その近鉄は輸送にしか関心がないから旅行者は行き来してくれたほうがいい。名古屋と大阪から日帰りか、一泊でさっと帰って何回も来てくれたほうがいい。地域全体の価値を上げて、首都圏や世界を市場に滞在者を増やすなんて、ほぼ考えている形跡が見られません。

山田　「志摩スペイン村」も相変わらず苦戦しているようですね。

藻谷　営業していますが、あまり行った人に会いません。当初の玄関口だった志摩磯部駅は、本当にがらんとしています。そもそも外国村というコンセプトに問題がある。

新館がサミットの会場になった志摩観光ホテルだって、思い切って新館の投資をするまでは古色蒼然でした。日本に本格フレンチがほとんどなかった時代に、フランスで修業したことがないのが妙な売りとなっていたシェフの名前で持っていただけ。大議論の末に新館に投資したのですが、古いブランドを刷新するには至らず、逆に投資が重荷になっていた。さすがにサミットを前に尻に火がついて、近鉄本社のホテル部門のキーパーソンを支配人に送りこんで、贅沢を知っている女性客にも評価されるよう、かなり改善が進みました。料理も今は地元産食材を中心に打ち出しています。

山田　志摩観光ホテルについては、以前ミシュランの取材でフランス人記者に同行して泊まったことがあるのですが、当時のサービスはガタガタでした。特にひどかったのがレストラン。フランス人は絶対飲まないような料理用ぐらいにしか使えない仏産のワインを仰々しく持ってきてすすめてくれました。しかも、赤ワインなのに異常に冷やしてあった。そのことで取材にきていたフランス人記者が激怒してました。

藻谷　それは、そもそもソムリエがいなかったってことでしょ。

山田　ええ。いたとしたら、もっと問題です（笑）。料理用赤ワインだから、本人たちも飲んでみておかしいなと思ったはずです。だから、「このままじゃ出せないな」と冷やして持ってきたと思うんですよね。この件は一〇年ぐらい前のことだから、もう言ってもいいと思いますけど。

今回の伊勢志摩サミットをきっかけにいろんな意味で良くなったとは思いますが、洞爺湖のウィンザーホテルと同じでこれからが勝負だと思います。

藻谷　僕は「合歓の郷」でもびっくりした経験があります。合歓の郷はもともとはヤマハの創業者が作ったリゾートで、その後ヤマハが三井不動産に売った。

山田　そこの一角に今度、アマンができたわけですね。

藻谷　アマンの部分は「アマネム」と呼ばれる独立した施設ですが、私は旧来の施設で夕食をいただいたのです。コストダウンのためでしょう、バイキング形式になっていて、しかも食材の宝庫・志摩でありながら、地元産と表示されていたのが確かお米だけ。海産物もどこにでもあるマグロの刺身などで、これではるばる志摩まで来た甲斐がありませんでした。他の客は中国人家族が一組だけで、ガラ空きでした。普通の安旅館ならともかく、志摩地域では一応、志摩観光ホテルと合歓の郷が両看板のはずですが。これが二〇一四年の話。今は改善されているといいのですけれど。

そのときホテルの人から耳にはさんだ話が、「こっちに来たら、なかなかうまくいかないんですよ。前にいた京都のホテルでは、ちょっとプロモーションすればすぐ満室になったんですけど、ここではそれが全然通用しないんです」というもの。東京から京都は二時間少々ですが、志摩は四時間以上かかります。わざわざ志摩まで行くべき魅力の提示がなければ、それは人は来ませんよ。

山田　うーん、その人も昔の発想なんですね。

藻谷　四〇代の人だと思うんだけど、びっくりしましたね。

ここでまた、そのときも行き帰りに使った近鉄の話なんですけど、近鉄は伊勢志摩サミット開催の直前まで、クレジットカードが使えなかったんですよ。特急に乗ると名古屋から志摩まで三〇〇〇円以上かかるうえ、乗車券は交通系ICカードOKですが、特急券はそれでは買えないシステムなので現金を使わざるを得ない。クレジットカード社会の欧米から来た人はさぞ驚いていたことでしょう。京都〜奈良間も外国人乗客の多い区間ですが、これまたごく最近まで現金商売でした。

山田　私もたまに使えないのを忘れていて、「あっ」と気が付いて困ったことが過去数回あります。今は名古屋駅の新幹線乗り換え口でもやっとクレジットカードOKになりましたけど。これはサミット効果ですね（笑）。

藻谷　乗るたびに窓口の人に「このままではまずいんじゃないの」って言っていたのですが、皆さん「はあ〜」って感じで、ハキハキした返事もなかった。顧客目線で事業を見直すというマーケティングの精神が、上下ともに足りなすぎます。

近鉄は日本最大の民間鉄道会社であり、鉄道ファンとして保証しますが、鉄道としての運営は立派、本当に便利なサービスを提供しています。副業として都ホテルも持ち、バブル期にはスペイン村も作り、近畿日本ツーリストという旅行代理店も持っている。「田舎の鉄道会社だから何も知りません」というのとは全然違います。ところが、タクシーにもついているようなカードリーダーを、そんなに数のあるわけでもない主要駅の窓口に置くという投資を後回しに、阿倍野に日本一高いビルを作ることに専念していた。できてみたら、やっぱり高いというだけで人が来る時代ではない、ということを思い知ることになったのですが。

ここでもう一つ褒めておきますが、近鉄が最近、志摩方面行きで走らせている「しまかぜ」という特急はとてもよくできている。その証拠に、値段は高いけど常に満席で、すごい人気です。何より嬉しいのは、JRから消えた食堂車が復活していて、そこで出す料理も質がほどほど高いし、地ビールや地酒もそろえている。こんなに素晴らしい企画を実現させることもできる。そういうセンスの良い人もいる社内で、クレジットカードが使えない状態を直そうという人が最近までいなかったというのは、すごいことです。

まあ、それを言うならJR東海もひどいもので、JR各社で最後まで、自社提携カード以外のクレジットカードが使えなかった。ようやくどんなカードでもOKになったのは、最初にJR北海道がクレジットカードを使えるようにしてから一〇年以上はたっていたと思いますよね。一番外国人客の多い東海道新幹線を持っているというのに。これはほとんど、日本の恥といってもいい状態でした。新幹線駅のホームを禁煙にしたのも全JRで最後でしたし、自動券売機で座席指定をできるようにしたのも最後。国内で唯一まだ喫煙車を走らせている鉄道会社ですし（早晩なくなるとは思いますが）、最近は一六両編成で客数も多いこだまの車内販売を全廃してしまいました。このようなことすべてに、顧客目線を軽んじていることが表れています。

山田　JR東海で名古屋から伊勢、南紀方面へ向かう時に訪日外国人旅行者がとても困っていることがあります。それは関西本線と紀勢本線に挟まれた河原田～津の区間が三セクの伊勢鉄道線なので訪日外国人旅行者用のJRパスが利用出来ないことなんです。しかも、車内アナウンスでJRパスが利用出来ない説明をしていますが、日本語だけで英語や外国語ではやらない。そして、車内で車掌がやって来て無理やり別料金を徴収しています。取られた方はほとんど理解してないので唖然としている。もちろん、見かけたら私が説明したこともあります。対応をしっかりしないと、JRパスで伊勢や南紀方面に行く人はみんな日本嫌いになるのではないかと思うぐらいです。

JR東海と言えば、東海道新幹線車内の荷物置き場もそろそろ考えないといけない。外国人旅行者がスーツケースの置き場所が無くて困っている様子をよく見かけます。

藻谷　東海道新幹線のメインターゲットは日帰りビジネスマンですから、あまり利にならないＪＲパス利用の外国人は無視されているんでしょうか。でもパス利用者でなくとも、外国人には荷物の大きい人が多いですからね。東海道新幹線は日本の鉄道代表であるという意識でやってもらわないと。

山田　ＪＲパスと言えば、中部国際空港は名鉄しか乗り入れてないのでいきなり使えないのも問題ですね。ヨーロッパ各国の鉄道パスは、基本的に国鉄も私鉄もほとんど乗り放題なのに日本は共通パスになっていない。例えばスイスのジュネーヴ国際空港は国際線到着時の荷物受け取り場所で市内までの無料切符を配布していますが、中部国際空港も同じような対応をすることを行政の施策として考えてもいい。旅行者にしても短い区間にパスの一日分を使わなくても良いので助かります。このシステムが無いと旅行者はジュネーヴ市内に泊まらずに一気に長距離移動してしまう可能性がありますから、市内の経済的な効果を損なうことにもなりかねません。それは名古屋市や地元自治体も同じはずです。どちらにしても、ＪＲ、近鉄、名鉄と行政も含めて、それぞれに利用者視点で考えてもらいたいです。

ＪＲパスの話が出たついでに言うと、スイスには日本にはない公共交通機関共通パスがあります。スイス・トランスファー・チケットと言って、ＪＲパスの様な周遊パスではなく、スイスの国際空港、または国境駅からスイス国内の目的地までの往復チケットで、滞在先の半額チケットとセットで購入することも出来ます。一ヶ所に滞在して休暇を過ごす旅行者に最適なパスですが、この様なチケットでリゾートに長期滞在してもらうことを狙っているわけです。他国のパスやユーレイルパスでも、有効期間内の指定日だけが使えるパスがあるのに、日本は乗り放題パスだけ。

藻谷　確かに、日本で長期滞在してもらおうと思ったら必要なチケットですね。ＪＲ関係者だけじゃなく、観光庁とかも気付いてないのかな。

「ポジショニング」を理解せよ

藻谷　伊勢志摩の話に戻ると、伊勢志摩はこれからサミット後の洞爺湖町みたいにならないように気をつけて欲しいものです。洞爺湖町のサミット後の人口減少は、北海道の一七九の市町村の中でも特に激しい。知名度が上がっただけでは、観光地としての次の発展は来ないのです。

山田　洞爺湖サミットの会場になったウィンザーホテルも苦戦していると聞いています。高級路線でも客室数が多いと苦労しますね。これまでもレストランに有名シェフを入れたり、他にも様々な努力をしていますが難しいようです。客室数が多過ぎて大変なのは宮崎のシーガイアも同じですね。シェラトン・グランデがオペレーションしていますが、なかなか七五〇室は埋まらないですよ。

藻谷　そもそも、日本の高級ホテルをうたっているのに「ウィンザー」ってネーミングは何？　って思いますよね。サミットにはイギリスも参加してるんですよ。日本がどこかのサミットに行って、「ヒノマル何とか」っていうホテルが会場です、と言われたら「何それ？」と思うでしょ。それを相手の側から考えて変だぞって思わないということに、経営側のセンスの悪さが凝縮されています。

山田　サミットは地域の人たちが積極的に誘致活動してきたものじゃないのも問題ですね。政治的に決まったことなので当事者意識が低い。だから洞爺湖サミットのときも期間中だけは地元でも少し動きがありましたが、その後はほとんど何も盛り上がらず、継続している活動は何も無いですから。伊勢志摩も行政と実際に関わった事業者以外はそれほど盛り上がらなかったので心配です。志摩市を中心にサミット関係者が泊まっていた宿泊施設以外では宿泊客が減っているところもありました。しかも、関係者用に押さえられたホテルでさえも大量のドタキャンがあって大変でした。

藻谷　サミットの前は、どうしても客数が減ります。警備体制のニュースばかり流れますし。サミット後の顧客増加につなげなければ、我慢した甲斐がありません。

山田　地域として本来の実力があればサミットの影響は関係ないですからね。三重県の鈴木英敬《えいけい》知事はサミット開催をとても喜んでいましたが、実際は無事に開催して閉幕させるだけでも大変なことが多く、そこに全力を傾けなければならないので、サミット後の対応に関してはあまり明確に示せなかったと思います。

藻谷　洞爺湖のある北海道の高橋はるみ知事も、三重県の鈴木知事も、奇しくも経産省の出身ですね。経産省所管のものづくりの世界であればごく当たり前の、企業の側の国際ビジネス展開の意欲が、観光事業者には手ひどく欠けていることを、驚きつつ嘆いているかもしれません。

山田　同じ経産省出身でも外務省経験もある岐阜県知事の古田肇《はじめ》知事は異色ですね。観光振興の目的も明確で、ターゲットとした国々のニーズをよく理解しようとマーケットインの発想でのアプローチが上手いです。実際、岐阜県は空港も港も無くゴールデンルートから外れていても集客力があります。「昇龍道」という新しい観光ルートも岐阜県が中心になって頑張ってますからね。でも、まだまだプロモーションが中心なので、

ＣＲＭ（顧客関係管理）の構築まではいってない。全国各地で様々な事業化の動きを見ていますが、売れるか売れないかの問題はやはりマーケットインの思考不在とマーケティング能力の低さというのが大きな原因だと感じています。

藻谷　マーケティングで重要なのは顧客フィードバックの収集と対応なので、山田さんが言っているシステムを作ることが大事なのですが、そもそもその前に、「なぜ顧客目線が必要なのか。いい商品なら何であっても売れるだろう」と勘違いしている人が多すぎる。だから私は、事業者相手の講演では「ポジショニング」を語ります。

ポジショニングがある商品とは、客から見て買う必然性がある商品、買う言い訳が立つ商品です。いい商品かどうかを決めるのは個別の顧客であって、供給側ではない。山田さんが言い始めた言葉で表現すると「今だけ、ここだけ、あなただけ」の商品やサービスを作って選ばれる必然性を作らなきゃいけない。

山田　そのことについては心底同意します。この「今だけ、ここだけ、あなただけ」は、言葉だけは関係者の間に広まりました。石破茂大臣もＪＮＴＯ（日本政府観光局）、観光庁、他省庁も勝手に使ってますから（笑）。本当は事業者がもっとこの言葉を意識した商品やサービスを積極的にカタチにして欲しいのですけどね。

藻谷　経営学ではSWOT分析が流行っていて、Strength（強み）、Weakness（弱み）、Opportunity（機会）、Threat（脅威）とか言っているんだけど、これは観光業の分析ではワークしない。なぜか。SWOTはお客が誰かによって変わるからです。

山田　市場やお客様によって強みが弱みになったり弱みが強みになったりしますからね。

藻谷　客が一〇〇〇人いれば一〇〇〇とおりのSWOTができちゃう。そんなことをしている暇があったら、その前にずばり、客ごとのポジショニングを考えましょう。たとえば、なじみになった従業員にまた会いたいから同じ宿を選ぶお客さんがいます。これが強み弱み以前の、客としてそこを選ぶ必然性、言い訳の典型例です。

なのに日本ではなぜSWOTが流行ってポジショニングが流行らないか。顧客が誰なのかという要素を排したSWOTは、プロダクトアウトの発想の典型だからでしょう。戦艦大和があれば勝てる、死ぬ気の覚悟があれば勝てるというのと同じで、相手が誰であっても同じやり方が通じると思いがちな日本人は、SWOTが好きです。

山田　ポジショニングの重要性は、私がツェルマット観光局で一番最初に言われたことです。特にアルプスにある五ヶ国一二ヶ所の山岳リゾート地の連合体である「BOT

A：ベスト・オブ・ジ・アルプス」なんて、それぞれが競合しないで生き残っていかなきゃいけないので、他所とは違うポジショニングで住み分けて勝負している。

藻谷　それはお互いに意識しているわけですか。

山田　もちろんです。だからこそ、お互いのポジショニングを明確にしておかなければ、ただ競合してライバル視するだけになってしまって良いことはありません。アルプスの中で独自のポジションを築くことで市場から選ばれることが重要なのです。そうでなければ、一二ヶ所で連携している意味がない。

藻谷　それぞれが「今だけ、ここだけ、あなただけ」をちゃんと用意しておけば、全部にいく可能性、必然性がありますよね。

山田　そのマーケットイン的発想で、お客様からこちらがどう見えているかという視点に立てば、例えば国別でもイギリス人、フランス人、アメリカ人、日本人がそれぞれ求めているものの違いが分かってくる。だからこそ、ツェルマット観光局のマーケティングセグメントは、国別から目的別に変わりました。

ＪＮＴＯの海外事務所でも、ポジショニングの視点でＢ to Ｃを意識して日本を売り込んでいるところもありますが、最終的にはＢ to Ｂが主流なので限界がある。現地の旅行会社にセールスするだけで終わってしまうのはもったいないです。

藻谷　私がシンガポールにいたときに、JNTOのシンガポールオフィスにいた人と仲良くなって、出来る限り協力もしました。彼が典型ですが、日本人でも現場でやっている人は優秀で、みんなよく分かってるんですよ。でも、JNTOも観光庁も、本部では「何人送客したか」ばかりを気にしている。その上にいる政治家がそうなので。

山田　その歪さに、現場ではなく上が気が付かないとダメですよ。

藻谷　「リピーターを作るとか日本の理解者を増やすとか言っている暇があったら、とりあえずプロモーションに乗っかってB to Bで送れる人数を増やせ。そのために代理店に金まいとけ」みたいなことになっちゃうんですね。まともな現場担当者は、そういうことに流れないよう努力をしていますが、それが組織内での評価に結びつくとは限らない。

山田　どうしても基本がB to Bですから。そうすると旅行会社に営業するとか、いろんな都市や空港にデカイ宣伝ポスターを貼ったりとか、街中で映像を何分流すみたいなことになって、代理店を儲けさせるだけで終わります。

藻谷　旅フェアとかに出ていっても、代理店にいろんな意味でつまみ食いされて終わるだけなんですね。日本食は人気ですから、日本ブースへ代理店やバイヤーのみんなは食べに来る。でも、「おいしかった」と言って帰っていくだけ。そんな変な接待をするよりも直販市場を開拓したほうがいいし、日本に実際に来た人のフィードバックを取ったほうがいいわけですよ。シンガポールならシンガポール人が行った旅館が具体的にどこで、そこについてシンガポール人が何と言っているかという情報を集めて、その旅館に直接フィードバックした方が客が増えるわけじゃないですか。

山田　その通りですが、面倒と思っているのかどの地域もやらないですね。個々の事業者が独自でやってるところはありますが。

藻谷　改善点がいっぱいあるので即フィードバックしたほうがいいんですよね。ところが、そういうことをしている暇がない。で、とりあえず海外の旅行商談会とかに行って、名刺配って、ということに忙殺されてしまうんですね。それをやるスタッフの数が全く足りない。予算もスイスなんかに比べれば全然少ないので。

山田　その状況を変えようとしたこともあるんですよ。あったのですが、できなかったですね。そのための一手として、当時の観光庁国際観光政策課に「訪日外国人だけでも顧客データベースを作って、継続的なマーケティングをしましょう」と持ちかけ、ＪＮ

ＴＯにも話したのですが、担当者が異動になったりいろいろあって消えました。
藻谷　つまり相手は、組織としては動かなかった。
山田　ええ。あと違う大きな勢力に足を引っ張られました。
藻谷　どういう意味ですか。
山田　実は、観光庁、ＪＮＴＯも外国人のファンクラブ的なことをやったことがあったのですが、予算が切れた途端に終わった。だからこそ顧客データベースを構築して本格的にマーケティングを継続しましょうと提案したら、当時の担当課長だけは推してくれたのですが、その他からは全く賛同を得られずに止まりました。こちらの案よりも大手通信会社や広告代理店がやろうとしていることが優先されたわけです。彼らも必死ですからね。オープンビッグデータの重要性を示しつつ「スマホを使ったネット経由のデータ収集のほうが安くていいですよ」とか「マスに対する宣伝広告はまだまだ重要だ」と言っていますから。最後には大きな勢力が主流になってしまいますね。
藻谷　国が税金使って大企業の私的利益にご奉仕させられる構図って、金融緩和とそっくりだよね。

野沢温泉と白馬

藻谷　ところで野沢温泉はその後うまくいっているんですか。

山田　野沢温泉村は村役場とは別に地域全体のとりまとめと運営をするしくみがあり、「惣代」という役を持つ人をトップに村民がまとまっています。基本的に昔から住民主体の動きが続いているということでは、官民のバランスが取れていますね。

藻谷　つまり、スイスのブルガーゲマインデ的なものが一応機能している、と。

山田　はい。でも、村の運営での問題はいくつかあります。「はじめに」で藻谷さんが少し触れていましたが、スキー場の民営化やインバウンドはうまくいっていますが、観光協会は独立時から落ち着かなかったです。村内にあった旅館組合の他に二つあった宿泊関連組合が解散してまで観光協会として一本化して独立したのですが、合同会社だったので総意を得ることも難しく、その後一般社団法人へ法人格を変更したものの地域経営組織として機能しているとは言い難い状態です。但し、観光協会内に立ち上がったインバウンド部会の取り組みは年々成果を出しています。

藻谷　組織として一体化していない観光協会の中でインバウンド部会だけが上手くいってるのは？

山田　元々、一〇年以上前に若手が中心となって設立した「野沢温泉インバウンド協議会」という組織が、豪州のスキーヤーを中心にインバウンドを確実に伸ばしていました。その後、彼らは自主的に協議会を休会させ、あえて観光協会内にインバウンド部会を立ち上げたのです。

藻谷　まるで不甲斐ない親を助ける孝行息子みたいな話だ。

山田　実際、外部から見れば、インバウンド部会のおかげで野沢温泉観光協会はとても活動的な組織に見えます。ここで活動している若手経営者がＭｔ．６でも牽引役になってくれていますよ。野沢温泉だけでなく、Ｍｔ．６の活動に少なからず関わってくれている若手の経営者は感度が高く、センスも良いので、旅館、ホテル、飲食店など、どこも伸びているところが多いです。

　ただ、Ｍｔ．６の加盟地域は、自治体単位で入っているところと自治体の一部で入っているところがあります。例えば草津町と野沢温泉村は自治体として参加していますが、白馬は白馬八方尾根地区だけで、白馬村ではない。妙高赤倉、蔵王も同じです。でも、組織としては元々任意団体で有志の集まりなので、自分のところはこのプロジェクトを旗印にするぞと決めてしまえばいろんなことがワークします。

藻谷　野沢温泉みたいにそれがワークしているケースもある。白馬八方も一応ワークしている。ただ、白馬の観光局問題というのがこれがまた……。

山田　悩ましいんですよね（笑）。白馬村には四つの区にそれぞれ観光協会がありますが、観光局を作って一つにまとめた。事務局長も民間から呼び、マイスター制度という人材育成制度も始めました。そのマイスターが地域密着型の体験ツアーやプログラムを作り、発足当時としては極めてまれな旅行業二種の免許も取得して順調に伸びてきていました。村役場も観光局に全て任せれば良かったのですが、役場にも観光課が存在したままなので、いろんなことがスプリットしてしまう。最近は事務局長が交替する度に落ち着かないですね。事務局長さんによっては例のごとく宣伝の話しかしないですから。

藻谷　精米器の中に一個でも石が交じっていると精米が出来なくなって全体がダメになってしまいますが、地域振興の話も似てますね。ユニクロでしか服を買わない僕みたいな人間がいきなり伊勢丹のバイヤーになるような話が、観光業界では普通に起きている（笑）。

そもそも「白馬の売りはスキー以外にも食などアフターの楽しみもある。外国人が来ても困らず楽しめるように、飲食店にはちゃんと英語メニューを置こう」って言い出したのは山田さんなんだけど。
山田　そうでした（笑）。でも、地元でもわかっている人は既にやってましたから。
藻谷　そういうことをちゃんと積み上げてきたことの結果として、評判が上がってくる。だけど、そのプロセスを見ていない人には分からないわけですよ。担当者がようやく理解したところでまた担当者が代わって、振り出しに戻ってしまう。もっと言えば、無作為抽出じゃなくて、旧来型の旅行代理店出身でプロダクトアウトの考えを骨の髄まで叩き込まれた人間が入って来るケースが多い。
山田　大手旅行会社や広告代理店が日本中の観光協会や観光連盟に人材派遣をしていますが、あまり革新的なことは起きてこないわけですね。そういう意味では、白馬村観光局の事務局長がやっと地元の若手に代わったところなので期待したいですよ。白馬のホテルで地域に根ざしたインバウンドをやってきた人なので、現場のことから市場のことまでよく理解してますから。

悩ましい大手旅行会社との関係

藻谷　山田さんとＪＴＢとの関係も複雑ですよね。私から見ると仲がいいのか悪いのか分からない。おそらくＪＴＢとしては、山田さんを使いたいときは使いたいんだよね。あんまりのさばられると困るけど（笑）。

山田　大手旅行会社は組織が大きいだけに、いろんな人がいます。ＪＴＢや近ツー、日本旅行等の大手旅行会社の社員にも、サプライヤーや地域に寄り添っている素晴らしい人たちがたくさんいます。どこの世界でも同じですが、現場経験に乏しいのに頭でっかちで言うことだけ立派な人も多いですけどね。

藻谷　ＪＴＢは旅行代理店の中では、最も良心的にマーケットを育てなきゃいけないと分かっている会社ではあるけれど、縮小していく業界の中での生き残りに向けて、やっぱり自己利益に走らざるを得ないのかな。ＪＴＢには「公益財団法人日本交通公社」と「ＪＴＢ総合研究所」という調査機関兼コンサルがありますが、出来はどうですか。

山田　彼らはどうしても調査や報告書の作成が中心で、事業としてもセミナー開催等が多いんですよね。それに地域として利益を生むための結果を示そうとすると、問題の核心に触れざるを得なくなる。

藻谷　問題の核心。「代理店に販売を丸投げしないで直販をやって顧客データを集めなさい」という結論になってしまう。そうなるとＪＴＢの客が減ってしまうので、言えない。山田さんが入っている地域で、直接彼らと対立関係になったことは？

山田 さすがに直接邪魔されたことはあまりないです。ただ、せっかく地域で進めていた話が途中から大手コンサルや旅行会社が入ったことで内容がすっかり変わってしまったことはあります。基本的には委託している自治体が悪いと思いますけどね。

他のコンサルも同じですが、例えば公のカネが入った大手の機関が地域で観光計画をつくれば、それが本流になってしまいます。そして、他に重要なことやもっとやらなくてはならないことがあったとしても、それらは無視されてしまう。

藻谷 山田さんが一部の地区で、やる気のある事業者をまとめてやっていることに対して、地元の自治体が大手のコンサルを使ってそれと矛盾するような計画を作ってしまい、こっちの具体的な動きが立ち消えになる、と。

山田 そういうことはあるので、足を引っ張られてることになっているかもです（笑）。

玉石混淆のリクルート

藻谷 ちなみに山田さん、リクルートはどう思う？

山田 評価は難しいですよ。旅行会社は人によって全く違うのですが、何故かリクルートの人は同じ匂いがします。あの会社の面白いところかも知れませんが、ズレが出たときの方向が、「ああ、リクルートならこうズレるよね」というのがある（笑）。基本的に彼らはいつでも楽しそうな方、ハデな方へ向かいますから。

藻谷　つまり、プロダクトを磨く方向ではなくプロモーションになる、と。リクルートの人は、真面目な会議に出て暗い顔しているときに、祭り囃子が聞こえると後先考えずに踊りに行っちゃうみたいな感じ。リクルート的な本能とでも言いますか。

山田　各地で知り合った人で、何となく匂いを感じて、「もしかして元リクルートですか？」って聞くと、必ず「はい、そうです」と言われます。百発百中です。元リクルートを当てるのはうまいですよ（笑）。現役のリクルートやじゃらんの方《かた》でもリサーチや地域振興に関わっている人たちは物凄く真剣で、それでいて面白い人もいますが少数派ですね。それは、他のコンサル会社でも同様かもしれません。

藻谷　リクルートの人はイベント好きだけど、マーケティングをしなきゃいけないということは分かっている。分かっているけれど、やっぱり最後はイベントに走っちゃう。全国的なイベントやB級グルメはリクルートやじゃらんの仕掛けが多いよね。

山田　ご当地グルメなどに関わっている人は多いと思いますよ。でも、B－1グランプリのようなイベントに出てくるご当地グルメで、商品として突出した魅力があるところはあんまりないですね。これも何となくリクルートっぽいんですが、味が濃いものが多いんです（笑）。実際、売れているものもあれば売れていないものもありますから、彼らも相当苦労しているはずです。

本当はもっと地域のことやお客様である旅行者のことを考えて欲しいと思うこともありますが、彼らのメインのお客様は企画とプロモーションの費用を払ってくれる自治体です。「数百万円出したら一年間は雑誌やじゃらんで紹介してあげます」というのがビジネスモデルの基本ですから。ご当地グルメの大会も、リクルートが主催して参加させてやるぞという態度になっている時もありました。結局、どんな新ご当地グルメでも、それほどうまくもないものを地域全体で同じ料金で売らせることが多いので、地域の付加価値が上がらず、その先の展望も開けない。

藻谷　リクルートは他の代理店よりはずっとマシで、まだ地域振興の大義とか地域の善し悪しが分かっている。しかしいかんせん、「大して質の高くないものを原価割れで大量に売る」というモデルを抜けることができない。リクルートは「代理店販売率一〇〇％」みたいな旅館にぶら下がってるわけじゃないので、もっと自由にできるはずなんですが。

山田　そういうのが嫌だっていう人もリクルートにはたくさんいますよ。個人個人としては本当にスキルが高くて地域のことを真剣に考えている素晴らしい人たちがいて面白いのですが。社風ですかね？

藻谷　リクルートのレポートは面白いですよね。平然と自分の会社の利害に反する正論を書いてあったりして。でもこれも日本軍みたいなんですよね。俺は心ならずも侵略行為に荷担しているが本当はそんなことはしたくないんだ、みたいな。

山田　でも、最近は会社としても長期的なスパンで地方と真剣に向き合うための部署を立ち上げたりしていますから、これまでとは違う新しいアプローチも生まれるかも知れません。

第7章　「おもてなし」は日本人の都合の押しつけである

北海道ガーデン街道

藻谷　山田さんと親交のある「十勝千年の森」の林克彦氏が中心となってやっている「北海道ガーデン街道」は今、どうなっているんですか。彼は帯広の地元紙「十勝毎日新聞」の経営者一族で、見かけは控え目ですが意欲ある事業家ですよね。

山田　富良野を中心に旭川から美瑛、十勝まで、ガーデンをテーマにネットワーク化して全体の付加価値を高めようという構想ですね。元々、彼が二〇〇八年に立ち上げた「十勝千年の森」も当初は集客に苦労したようです。その時、ドイツのロマンティック街道に旅行者が求めている共通したテーマと価値が古城巡りだと気付いたことがきっかけで、広域連携での集客を思い付いて「北海道ガーデン街道」を立ち上げたわけです。その後、わずか五年ほどで三五万人から六〇万人の旅行者が訪れるまでに成長しています。確かに、北海道ガーデン街道の仕掛け人は林克彦氏ですが、彼と同じような考えを持った人たちが同じテーマと方向性でつながったことが大きかった。この連携事業で重要なのは、国や地方自治体ではなく民間事業者だけが横断的に集まって、その上で地元観光協会や周辺ホテルを説得し、さらなるエリア連携を実現させたことです。

広域ルートで集客を考える時に重要なのは、やはり共通したテーマ、価値です。旅行者からすれば当たり前のことですが、統一された価値で各地が結ばれていなければルートとして巡る必要が無いですから。観光庁もゴールデンルート以外に広域周遊ルートを各地に作ろうとしていますが、ほとんどが各地の売りたいものだけを繋げた自己都合的なルートですね。これこそプロダクトアウト型です。旅行者が巡りたくなる価値を提供しようというマーケットインの発想になっていない。

ガーデン街道の集客は順調に伸びていますが、これを確固たるものとするにはリピーター獲得が必要だと思います。

藻谷　私はリピーターは間違いなく増えると思います。四季折々違うし、同じ季節にまた行ってもいい。同じ景色があることに逆に安心するんです。庭ってそういうものじゃないですか。

山田　ただ、地域全体の長期的な仕組みを作っていくことを前提とした取り組みをもう少し進めるといいのかもしれません。

藻谷　それこそ竹富町のような顧客データベースを地域で作って欲しいよね。ガーデン街道ができるにあたっては、山田さんはどういう智恵付けをしたんですか。

山田　北海道ガーデン街道のことについては、私が何かやったということはないです。克彦氏が最初にツェルマットに来てくれて、ツェルマットの話とかベスト・オブ・ジ・アルプスの話や広域のマーケティングについてのアドバイスをしたくらいです。

藻谷　彼の場合は、メディアだけでなく、日本のホテルの中でも特に素晴らしい質を持つ北海道ホテルやレストランなども抱えた地元大企業の経営者の次男坊という恵まれた立場ですが、そういう立場の人があれだけ謙虚に勉強し、我慢を重ねて連携のハブになっているというのは珍しいことです。そうなると話が早いよね。

山田　レアですよ。なかなか無いパターンですけどね。どちらにしても、すぐにスイスやドイツなどの世界へ飛び出し、成功事例から学ぼうという積極さは大事です。私も同じですから。

藻谷　そういう人たちが半歩ずつ進めていくしかない。山田さんの話を聞いて、「その通りだ」とすぐに分かる人もいれば、「あいつの言っていることはカッコ良すぎて日本の現実には合わない」というような決まり文句を発する人もいる。

山田　「山田さんの言っていることは嘘くさい」って言われることもあります（笑）。

藻谷　「プロモーションすれば客が来る」っていうほうがよっぽど嘘くさいと思うんだけれど。まあ、でも観光業者のリテラシーも社会の成熟度の反映ですよね。だから、社会が成熟してくれれば山田さんの言っていることを理解できる人はもっともっと増える。

「熱海」という反面教師

藻谷　ちょっと個別の事例で考えてみたいんですが、熱海という有名観光地がありますよね。熱海を何とかしてくれって頼まれたら、山田さんはどういう方向性を考えますか。実は私は、一回も講演に呼ばれたことがない場所なんですが。銀行で営業部門にいたときに、お金を取り立てに行ったことはありますけど。

山田　打診はありましたが私も実際に呼ばれたことはないです。熱海は事実上、東京の出島みたいなものだから皆さん地元意識が薄い。だから、地元食材へのこだわりとか地域意識もあまり見えないです。「熱海らしさや熱海ならでは」をもっと感じられることが大事だと思うんですよ。ただ、最近ちょっとだけ間接的な関係がありまして、実はＪＴＢの社員で地道に地元を動かしている人がいるんです。その人が何かあると私に相談してくれるので時々アドバイスはしています。もちろん、その担当者は会社の仕事として熱海に入っているわけですが、ここ二〜三年ほど、仕事抜きで地元にしっかりと食い込み、ようやく活動の土台らしきものが出来てきて面白い兆しが見えてきた。その担当者と話している中で出てきた方向性とは「世界に愛される東京ローカル温泉地」です（笑）。

藻谷　熱海は実は、東海道新幹線沿線で消滅可能性がいちばん高い自治体なんです。人口は最盛期の半分ぐらい。「知名度がないから問題だ」とか「交通の便がダメだから新幹線をよこせ」とかいう人たち全てのアンチテーゼが熱海です。誰でも知っていて、新幹線で東京から四〇分でいける熱海の人口が減る一方だということは、あまりにも彼らの先入観に反するので誰も口にしない。だけど寂れているのは見れば分かる。何でそうなるのか。過去の投資にセンスがなかったし、経営者の頭も古い。ですが結局は、山田さんがいま言ったように、熱海らしさがないのが致命的でしょう。出稼ぎに来た連中が経営する無国籍調のホテル空間に、安さに釣られた客が集まる。

山田　そういう状況ですね。本当にわかりやすいぐらいにいろんな問題が凝縮されているところです。

藻谷　東京で成功した社長とかがポンとホテルを買って、「俺も熱海にホテル持ってるぜ」みたいな。当然、彼らは地元に住んでいないし、従業員も他からの通いが多い。反社会勢力の問題もあった。だから、地元を大事にしようという動きが起きにくい。

山田　熱海出身のヤオハンは頑張っていたけど、潰れましたね。残念です。

藻谷　ヤオハンは地元でケーブルテレビもやってたんですけど、今は大企業のブランチになってしまい、自主番組も作らなくなった。

山田さんは「地産地消」ではなく「地消地産」という言い方をされてますよね。「地」元で「消」費するものには極力「地」元「産」を使おうと。その地域に来ないと食べることも手に入れることも出来ないような価値ある商品やサービスを提供するために、地元産の良い素材にアイデアと手間暇かけてもっと良いものにしようと。ところが熱海には「地産」がミカンぐらいしかない。海に面していますが、熱海で食べている魚の多くは熱海で獲れたものじゃない。年に何百万人も客が来ているのだから結構な量の「地消」はあるけれど、「地産」が対応できていない。客側から言えば熱海に行く必然性がないし、地元から言えば観光業の売上が地元経済に還流しない構造です。
地元で工房などを作りたい人はいっぱいいるはずなんです。実際、お隣の函南町《かんなみちょう》から牛乳を取ってきてチーズを作る。相模湾から揚がる珍しい魚をホテルの敷地内で干物にする。地元のミカンでジュレやジャムをつくる。そういうことをやっている人たちが少しですがいます。実は、既に果汁は商品化されていて、一部は地元に原材料として提供しているようですが、地域ブランドとして一から立ち上げる工房をもっと町の中に増やしていくということはできると思うんです。食工房の町・熱海ですね。それをやらないでいくと、「消滅可能性新幹線沿線ワースト1」の地位は揺るがない。他の新幹線沿線で、熱海に次いで人口減少が激しいのは、群馬県のみなかみ町です。みなかみ（水上）も有名温泉地ですが、「地消地産」が出来ていないところは熱海と一緒です。材料の原産地が不明なダムカレーとか売ってるうちはダメですよね。
山田　「地消地産」の話は、ダメなところほど受け入れて貰えないんですよ。
藻谷　全国最高級とされるけど余所から買ってきたウナギを出す店と、地元で獲れたウナギを丁寧に出している店が並んでいたとすれば、観光客は地元産のほうに集まるんですよ。そうでないのは東京や大阪くらいで、京都でも地元産のほうに行くでしょうね。

顧客目線で考えれば当たり前のこの話が、なぜか驚くほど伝わらない。

山田　現場では、少しでも利益を上げるために安い食材を使おう。同じデザインで同じものなら原価が安いほうがいい、という考え方が非常に根強いですね。

藻谷　それに対する解答は、「原価がちょっと高い地元産を買って値段を二割上げる工夫をしなさい」なんですね。客は「今だけ、ここだけ、あなただけ」を求めて来ているんだから、そもそも「ここだけ」がなきゃ客に訴求しない。どこでも食えるマグロの刺身なんか食わされてもありがたくない。

山田　そういう意味での最近の成功例は「富山湾鮨」です。この取り組みで通常のお寿司の盛り合わせの平均単価を倍以上にしたところもありました。商品としては、富山湾を天然の生簀に見立て、その時にあがった旬の魚介類しか使ってないのですから、富山でしか食べられないものとしてとても価値あるものになりました。

藻谷　富山湾鮨は山田さんが言い出したんだけど、今では「富山県が考えた」っていうことになってますね。他にも山の素材を贅沢に使った一万円以上のコース料理の「とやまの山幸《やまさち》」も人気だと聞いてます。訪れる方、生産者、山の恵みに感謝を表した逸品として、多喜込み（炊き込み）料理としたところがウケているようですが。ほとんどのお店がミシュラン富山・石川版に載ってますね。

山田　あるウェブ調査によると、富山湾鮨はおかげさまで大阪のたこ焼きと並ぶぐらい地域の商品の一つとして認知されているらしいです。富山県庁や知事、地元の方々もとても喜んでいますよ。それと上質化、付加価値化したラグジュアリーグルメとしては、北海道の一万円ランチと同じぐらい「とやまの山幸」でも狙った通りになりました。

藻谷　本当のことを言えば、山田さんが「富山湾鮨」や「とやまの山幸」を提唱しはじめた頃は、「こんな手間暇かけた高い鮨が売れるわけない。値段ももっと安くした方がいい」って、一部の関係者からはさんざん言われてましたね。

山田　富山湾鮨に関しては、当初からやる気のある方もいましたし、数軒でも賛同してくれる店があれば、すぐに結果を見せられると確信していましたから。やれば必ず顧客が付くし、地元の魚も適正な価格で仕入れられるようになる。こういう好循環が生まれれば、周りの人たちも「じゃあうちもやるか」となっていく。価値を明確にするために手間暇かけることや成果を波及させることはとても重要です。

特に「とやまの山幸」は富裕層を最初から狙ったものでしたから、コースに入れる炊き込み料理を「多喜込み料理」として質と付加価値を上げるために、各店の方々には度々集まってもらって議論しました。北陸新幹線の開業後、放っておけば終点の金沢まで行ってしまう人々に富山県内で降りてもらうには、目的や理由となるだけの商品やサービスがなければ始まらないですから。

せっかく好循環が生まれても……

山田　富山だけでなく、他地域でも好循環が生まれるようなしくみは出来るのですが、ちょっとしたきっかけで暗雲がたちこめることがままあります。ここがすごく悩ましいところですね。

藻谷　言える範囲で、実例を教えて貰えませんか。

山田　某地域で、観光業と漁業の連携が少しずつ進んでいました。これまでは宿泊事業者が地元産の魚を使おうとしても地元でほとんど流通していなかったので、魚は築地から買うしかなかったのですが、漁協や漁師も当時の築地では魚の値が下がり始めた頃だったのでお互いの利害が一致したのです。

でも、築地で魚の値段が上がり始めると同時に地元での流通が止まってしまいました。観光が地元を支える関係が進んだとしても、「仕入先」と「卸先」としての付き合いだけではダメなんです。地元素材をより良い商品にして付加価値を上げなければ、利幅を増やすことが出来ません。そうしないと、地元食材を高く買う余裕も出来ません。築地に負けないような地元仕入れを維持するためには漁業の方々の協力も必要ですが、観光事業者側の経営努力と共に人間関係の構築も相当に必要なのです。

　私が開業時にお手伝いをした函館の「ル・クリマ」というフレンチレストランは地元の生産者との信頼関係をしっかりと築くことから始めたので、道南の本当に良い食材が入っています。経営者もシェフも若いですが、生産者の人たちも同年代の若い人たちが多いので価値観や感性も合うみたいです。実際、レストランでは本当に良い素材を使った最高に美味しい料理が提供されています。

藻谷　他にもユニークな連携をしているところはありますか？

山田　面白い連携の事例としては、「津軽海峡マグロ女子会」と言う団体があります。津軽海峡を挟んで道南と青森の女性たちが地域を盛り上げる様々な活動を繰り広げています。広域の活動としても上手くいっているのは珍しいと思いますよ。広域連携になるとどうしてもそれぞれのエゴや利害が出ますが、このグループはみな同じ方向性を見出して走っていますね。マグロ女子だから泳いでるかな（笑）。「マグ女のセイカン♡博覧会」という体験プログラムや「津軽海峡にぐ・さがな弁当」などは各地域の個性を活かしながらも広域連携だからこそできた商品の好事例だと思います。

藻谷　若い人たちの連携の成功例としては、皆生温泉を中心に鳥取県西部でも様々な連携事業が進んでいたと思うけど、最近はちょっと停滞してないですか？

山田　以前、皆生温泉に私が関わり始めたころは、団体の宴会需要と風俗業が頼りになっているという、熱海に似た状況でした。しかも、「熱海が何とかしてくれないと伊豆の観光が盛り上がらない」というのと一緒で、「皆生温泉が何とかしてくれないと山陰の観光がどうもならん」とも言われていた。

藻谷　だからこそ、鳥取県西部の広域でエコツーリズムの推進を仕掛けたわけですね。近年ではエコツーリズムの世界大会や、海辺から大山の山頂まで連携するＳＥＡ　ＴＯ　ＳＵＭＭＩＴなどの動きがあり、それなりの成果が出ていましたよね。でも、以前の地元選挙の影響が残っていて人間関係の問題が尾を引いているらしいですね。

山田　皆生改革の原動力になった旅館組合青年部はもともと一致団結していたのですが、メンバーの親族が前の市長選に出てしまってからが問題でした。そのときに現職派と新人派で旅館同士が割れてしまった。市議選でも応援する候補者が分かれた。ただ、最近の皆生温泉旅館組合は、理事会メンバーの若返りや青年部会長の交代などがありましたから、また活性化が進むのではないかと期待しています。

藻谷　地方の場合、選挙戦で地元が割れると遺恨も残るし、首長が代わると劇的に政策が変わったりしますからね。いい方にも悪い方にも回る。

皆生温泉は、周りの大山や安来などでいろんなことをやっている人がいて、真ん中の皆生温泉だけが沈んでいるという状況だった。周辺にパワーコンテンツがいっぱいあった。その意味で熱海とは違う。熱海は周辺にパワーコンテンツがないですから。

でもまあ、皆生温泉の場合は、「誰かスイッチを押して変えてくれないだろうか」という状態のまま二〇年ぐらい放置されていたので、本当にそれが変わったというのは画期的なことなんですね。近くの出雲大社の門前町も、消滅寸前の状況からだいぶ賑やかに変わりました。あれには山田さんは関わっていないの？

山田　島根県側には直接関わってないです。ただ、皆生温泉や大山での取り組みを中心に鳥取県西部と島根県東部は近年連携することが多くなっているので、その動きから広域への影響はあると思います。お客様から見て、「鳥取県西部と島根県東部は同じエリアだ」という意識がどんどん浸透していったことは長年関わっていて感じていました。

少し前になりますが、大山を中心に鳥取県西部と島根県東部と岡山県蒜山《ひるぜん》エリアが一枚の地図になったのを見たときには感動しましたよ。それまでの地図では他県の土地は真っ白でしたから。

大河ドラマに出たって効果なし！

山田　藻谷さんの地元である山口県には萩、それと島根県ですが近くには津和野という有名観光地がありますが、ここもあまりうまくいってないですね。

藻谷　どっちにも頑張っている人はいるんですが、全体としては昔「アンノン族」が来ていた頃の意識から抜け出せていない。昭和五〇年代の頭のまんまのゾンビ観光事業者がまだ生き残っているんです。それと大河ドラマ。萩には松下村塾がありましたから、定期的に舞台になる。それが観光事業者をイベント需要依存症にしてしまった。

津和野について言うと、最近林業関係でいろいろ努力を始めるまでは、島根県内の自治体の中で現役世代人口減少率が一位でした。隠岐のような条件不利な離島の各自治体よりもひどかったのです。観光業、特に宿泊事業者の刷新はまだほぼ手付かずでしょう。そもそもネットで予約できる宿自体が限られていて、その数少ない宿もウォシュレットすらなかったり。熱海と似ています。

津和野の代表的な土産物は源氏巻っていうお菓子です。卵を使った甘い皮であんこをつつんだ棒状のもので、切り分けて食べるんですが、それが三〇〇円もしない値段で売られている。安いからと何本も買っていく団体旅行客が多かった時代はとっくに終わってるのに。材料を地元産に限定して一本一〇〇〇円にした方が売れます。

山田 数量で勝負出来ないなら単価アップは必要のはずですが。

藻谷 お隣の広島のもみじ饅頭も、原材料は地消地産には程遠い感じですが、「生もみじ」を開発するとか、まだしもいろんな工夫をしている。津和野の観光事業者は、イノベーション自体を止めています。

町役場の職員には、さすがに危機感を持って頑張っている人がいます。「森のようちえん」という、全国でも貴重な取り組みをやっているお母さん方もいる。都会からの移住者にもパワフルな連中はいて、そろそろ機は熟してきているはずなのですが、まるでアレルギー反応のように意欲ある人たちの足を引っ張る連中も多い。移住者のおかげで町内で唯一児童数が増えていた、校庭が緑の芝生で美しい木造校舎のある小学校を、最近無理やり廃校にしてしまったことなんて、他の町では聞かない暴挙です。

皮肉な話ですが、津和野と萩の間に合併せずに残っている山口県阿武町《あぶちょう》は、農業の活性化や移住者受け入れに最近すごい努力をしていて、ついに人口が転入超過になり、子供の数も増え始めました。観光業なんてほとんどない、知名度もない、ずっと条件不利な自治体ですよ。

山田　普通に考えれば、SLのやまぐち号も来るし、森鷗外もいたし、活用できる資源はいくらでもありそうですが。

藻谷　津和野藩として、ずっと大きい長州藩に対峙してきたという歴史もあるわけですよ。町ではそういうのをちゃんと教えているのでしょうか。近代日本語の恩人である西周《にしあまね》もいたわけだしね。

山田　藻谷さん、今日のお話でも実感しているんですが、やはり日本は「理念」としての「ビジョン」の無さと「戦略」の甘さが致命的にありますね。そもそも何で戦略を立てるのかという目的があいまいだし、計画もいつもフワッとしているし、想定している期間も短い。

藻谷　いい加減にやっても人口増加と経済成長が問題を糊塗してくれた時代のやり方をいまだにやってますよね。

山田　そして誰も真面目に理念や戦略を立てない中で戦術としての手法や手段ばかりになってしまった。結果として、手法や手段が目的化してしまうことになっています。

戦術の成功、戦略の不在

山田　最近、地域振興の事例として、岩手県紫波町のオガールプロジェクトが注目されていますよね。藻谷さんはあれをどうご覧になっていますか。

藻谷　中心人物である岡崎正信君は地元建設業者の跡取りですが、彼とは昔からの知り合いで、「本当にいいものを作りましたね」っていう話ではあります。でもこれはプロジェクトの成功であって、それをきっかけに町全体がどっちに向かっていくのかはまたその先の問題です。

岡崎君が日本バレーボール協会の重要人物なので、その立場を活かすべくバレーボール専用体育館を造った。そこにバレーボールの合宿をコンスタントに呼んできて、収益源にしています。だから、補助金を投入していないのに町民向けのいろんな施設も併設できた。日本の施設には珍しく、最初からマーケットインの発想で計画を練ってあるのです。とてもお洒落な地消地産レストランもできて、しかも儲かっている。直販所も、図書館も、二つあるバンド練習用のスタジオも賑わっていますね。

この施設全体のプランニングをしたのは団塊の世代の清水義次さんという面白い方で、『和の国富論』にもご登場頂いています。清水さんは今、全国各地のリノベーションまちづくりの教祖のようになっていますが、もともとはトレンド観測をして商品を企画するマーケッターだった。だから、最初から発想がマーケットインです。他の自治体が形態だけ真似して施設を作っても、同じような賑わいは作れません。

ただ、残念ながら、オガールができたからといって、紫波町の人口が増えているわけではありません。これをみて自分も工夫する事業者が増えなくては。

山田　オガール的なものは意外と全国的にありますよね。プロジェクトとしては成功しているけれど地域全体に波及するところまではいっていない。難しい課題ですが。

藻谷　戦術論的には極めて面白いが、地域の戦略に則ってそのプロジェクトを位置づけるところまではやっていない。というか、地域に戦略がない。オガールも元々は、駅前の町有地にさらに大きな公共投資をしようとしていたのを「何とかやめさせないと」と考えた人たちがいて始まったものだから、いわば応急処置がスタートです。町当局の戦略の不在の中で、戦術的にうまくいった事例とも言えます。

山田　コミュニティビジネスとしては成功しているけど、地域振興に結び付かないという点では、徳島県上勝町の葉っぱビジネスも同じですね。人口一七〇〇人の町に素晴らしいビジネスがあるのに、町の人口も地域内の消費額、所得もずっと下がり続けている。

藻谷　せっかく葉っぱで儲けたお金が、貯金されるだけで地域内に回っていない。納税もされていないし、稼いだお年寄りが亡くなれば都会にいる相続人のところに流れていってしまう。これまた戦術はいいが、それを活かす戦略が不在です。

頑張っても大変な佐世保

山田　藻谷さんは商店街の活性化も手伝っていますよね。近年の成功例では佐世保の事例があります。佐世保には総延長一キロの日本一長いアーケードがあって、賑わいのある商店街の代表例として取り上げられることが多かったですが、最近は雰囲気がちょっと変わってきたという話も聞きました。

藻谷　うーん。南半分に関しては、相変わらずいつ行っても驚くほどの人が歩いています。この規模の地方都市では圧倒的に日本一でしょう。飲み屋街も本当に楽しいし、何より人間が明るい。面白いイベントも、補助金に依存せずに次々と打たれている。イベントは売上に結び付かないとはよく言われるところですが、佐世保の場合には商店街主催のイベントが、若手人材の育成の場に、そして事業者や住民有志や行政や自衛隊や米軍といった各団体関係者の連携強化の場になっているのです。これは全国の人たちにぜひ学んで欲しい。ただ、商店街の周囲ではいろんな逆風が次々と吹いていて、やっている人は本当にたいへんです。

そもそも佐世保は三〇万ちょっとの小さな規模の商圏で、所得水準が全国でも特に低くて、しかも人口減少が続いている。主要産業の造船業が衰退傾向なので、それも仕方ない面があります。ハウステンボスがようやく自立して固定資産税を払ってくれるようになったという明るいニュースはありますが、日本の西の端の三〇万都市であるために、あらゆる大型店チェーンが必ず出店してきてしまうという問題もある。イオン系の大型店だけでも七店あって、八つ目をつくる計画もあった。

山田　それは辛い状況ですね。

藻谷　結局イオンの八店目は犠牲を出しつつなんとか防いだのですが、その後、駅のすぐそばの埋め立て地を売らないと、埋め立て資金を国に返す期限が来てしまって市が財政破綻してしまうという話が持ち上がりました。バブル期の負の遺産に、ついにケリをつけねばならなくなったのです。これが二転三転、今はまだ語れませんが本当に一部関係者の涙々の努力の末、外部資本ではなく地元のスーパーチェーンがデベロッパーになった商業施設ができました。最後に残った可能性の中では、それでも一番まともな決着ではあったのですが、さすがに商圏全体のオーバーストア極まれりで、特に商店街の中の既存大型店に深刻な影響が出ています。新しく出来た施設も、いろいろ工夫はしていますが、もちろん順風満帆ではありません。

多くの町では商店街関係者というのが一番あぐらをかいて何もしない人たちなんですが、この町では一番頑張って町のために動いているのが商店街のキーパーソンたちで、大きい資本になるほど自分のビジネスに閉じこもる傾向が強い。大小が手を組んでこの危機を打破しようということになっていないのは残念な限りです。

山田　以前、佐世保は後背地である松浦半島と連携してエコツーリズムを売りにしようと試みていましたが、市長が代わった瞬間にエコツーリズムの「エ」の字もいわなくなりましたね。

藻谷　市長ではなく市の担当者の退職が理由では。佐世保バーガーを手始めに、あれこれと仕掛けていた凄腕の女性職員が、東京の人と結婚して町を出てしまったのが痛かった。でもその後を継げる人がいないというのは組織力の弱さですね。

彼女の気持ちも分かるのです。山田さんの話を理解してくれるような人は、とてもキャッチーで感覚も新鮮だから、一度は東京に住んでみたくなるのかもしれません。旦那は自分が辞めて佐世保に住んでもいいって思ってたというウワサもあるのですが。

スイスであれば、そこで地元に残るのが当然なわけなんだけど、日本では優秀な人ほど東京に一度はいかないと納得しない。でも恐らく東京に出てみると、人間関係のややこしさは少ないけれど自分の存在もどんどん希薄になってしまうというシカケに気付くはずなのです。ぜひ彼女にもいずれ戻ってきて欲しい。

山田　一度は外に出るのは良いと思うのですが、二度と帰って来ないことが問題です。

藻谷　代わりにハウステンボスが、このエリアのエコツーの拠点として機能するぞ、みたいなことになったら、十勝千年の森のように面白いことになるんだけど。

欧州のアイデンティティー教育や教養を高めるようなことが本当に重要だと思います。

山田　九十九島パールシーリゾートでは、小さな船を使った個人客向けのガイド付きリラクルーズとかもありますが、それより大きな観光遊覧船二隻にお客様を大量に乗せたほうがいいやというのが今の考えなのでしょう。アジアから大量の訪日外国人旅行者を呼ぶほうが楽でしょうから。ウェブのトップページからもエコツーリズムの言葉が消え、日本エコツーリズム協会の法人会員でもなくなってしまいました。とても残念です。

藻谷 インバウンド中国人も殺到してますからね。安クルーズ船に占拠されている間は高単価客は逃げていく。そういう構造になっちゃっている。パールシーは世界のヨットクルーズのメッカにすることもできるようなものすごい素材なんだけど。

山田 佐世保市内からもトンネルを抜けて一〇分ぐらいでアクセスできます。米軍のヨットハーバーがあったところで、「ここは本当に日本か?」というぐらい素晴らしい。海岸沿いが芝生になっていて、ヨットがつらなっている。島々と入江があるからシーカヤックのフィールドとしてもかなり面白いところだと思います。

藻谷 島が二〇〇ぐらいあるので本当にきれいな風景です。しかも佐世保のあたりの魚のうまさは日本一。最高の素材が全部揃っていて、私イチ押しのセントラルホテル佐世保を筆頭にいいホテルも多いのに、旧来型の団体旅行とインバウンド中国人頼みでは、付加価値が上がらない。クルーズ船の中国人客はすぐバスに乗って、中華系に買収された佐賀県の焼き物関係の施設に運ばれてしまう。本当は世界のヨット好きの金持ちが全員別荘を構えてもおかしくない。日本で一番津波が来ないところですし。

山田　それにしても、ハウステンボスは、ずいぶん変わりましたよね。最終的には地元がかなり借金を棒引きしてくれましたが、それならＨＩＳがやらなくても良かったんじゃないか、という気もしますが、そうでもないですか？

藻谷　やっぱりあれだけ大きなハコを動かせる経営力、顧客動員力を持っているところとなると、ＨＩＳくらいじゃないですか。園内のＢＧＭがやたらうるさくなって、中の飲食物も庶民化して、個人的には味の濃い料理みたいな感じで決して好きじゃないけど、九州とアジアの人は来ている。マーケティングはできているのでしょう。

山田　なるほど。何でそんなことを聞くかというと、最近、宮崎県のアドバイザーをしているのですが、過去に約二〇〇〇億円も突っ込んでダメになったシーガイアを見ているからです。やはり借金が残ったままだとどうにもならないな、という気がしています。

藻谷　それは確かに。シーガイアは、シェラトングランデが運営しようが、セガサミーがカジノにしようが難しい。星野がトマムを再生したのも借金が一回チャラになっていたことが大きい。でもシーガイアは、そもそも図体がでかすぎるのです。団体客を入れるしかないけど、そうするとどうやってもブランドアップはできないし。

山田　宮崎の一宿泊施設が世界中から必死に集めたとしても通年で七五〇室を埋めるのは難しいですね。他のホテルや旅館も含めたら大量の部屋がある。それなのにそもそも宮崎にはそこまでの航空輸送力がありません。

藻谷　バブルの頃、私は旧日本開発銀行の若手行員で、リゾート法の調査をしていたのです。そのとき書いた内部レポートでは、そもそもそれだけの集客をする輸送手段がないでしょって指摘しました。そしたら、「宮崎県の担当者はフェリーで来るって言ってるぞ」って。フェリーで来た人が高級ホテルに泊まってゴルフしますか？　あれこそプロダクトアウトの典型ですね。でっかいホテルを作れば、客が湧いて出てくるんだという考え方。巨大ハブ空港のあるドバイでは通用しても日本では無理です。

「爆買い」に期待するなかれ

山田　佐世保だけでなく他の地域もご覧になっていて、例えば中国人の爆買いで地域の経済システムに極端な影響が出ているということはありますか。例えば鳥取県だと境港にクルーズ船が来ていますが、だいたいワンデートリップで半分は島根へ観光に行っていて、鳥取県側での消費はショッピングセンターだけで地元にはお金が落ちてないという感じなんですが。

藻谷　そもそも上陸した客がバスでどこかに運ばれてしまうことも多く、プラスもないがマイナスもない。だから現地ではあまり文句は出てないです。福岡だけは場所によっては混雑がすごくて、ちょっと行きすぎという感覚もありますが。長崎もそうですね。グラバー園と稲佐山の展望台だけが中国人で大混雑という話もあります。

長崎っていうところは、観光事業者に修学旅行や企業団体旅行依存の体質がまだ色濃く残っている。真に素晴らしい観光資源は、狭いところにごちゃごちゃに発達した商店街・飲食街の賑わい感と、周囲の丘の斜面を這い上がる住宅地の奇観、それに港の風光なのですが、「町並みはどうでもいい。観光客向けの施設さえあれば客は来る」と勘違いしている輩も多い。港の一部を埋め立ててありふれたショッピングセンターを建ててしまったり、郊外にどんどん行政施設を移してしまったりで、本当の中心部への新規投資がなされていません。市民のサイレントマジョリティが、長崎の最大の資源は市街地であるということに気付いていないし、そういう教育もされていない。中国からのクルーズ船に乗っているのも、町歩きを楽しむような習慣のある客層ではないのですが、何とか彼らを、港から丘一つ越えた中心街に誘導する工夫ができれば。船内で市電の一日券を配るとか。

山田　クルーズ船が寄港したとしても悩ましい問題があります。中国人は寄港地でのワンデートリップでも買い物に走るだけだから、現地でいくら楽しい体験プログラムやツアーなどを提案しても反応がよくないのです。まずは買い物で、しかもディスカウント。船だと飛行機のように荷物重量に制限がないから滅茶苦茶な買い方しますからね。最近は中国人でも個人客やリピーターは買い物よりも体験ツアーを喜ぶ人がやっと増えてきましたが、まだまだ少数派です。どちらにしても、中国やアジアの市場も成熟してくれば爆買いは自然に収まりますよ。でも、値引きは求められますね。

藻谷　中国人相手だと、基本的に商行為が全部ディスカウントになっちゃうんだよね。

山田　観光庁やＪＮＴＯがセッティングした旅行博などの商談会も覗いたことがありますが、見ていて悲しくなりますよ。ＢtoＢでマッチングさせようとしているのですが、そもそも双方とも会いたい人に会えていない。結局、買う側が上から目線で条件提示を求めてくるディスカウント競争にしかならない。日本側もホテルチェーンにしろ、ゴルフ場にしろ「うちに来てくれたら安くします」「特典つけます」みたいな提案しかできない。海外の旅行会社は「今までうちにセールスに来たところは、こういう条件でこれぐらいの料金なんだけど、お宅はいくら？」と。これ、商談じゃないですよね。それで、訪日外国人の数だけは増えている。

それにしてもインバウンドが増えた影響でホテルが取れなくなってきましたね。私もですが、藻谷さんも影響を受けているのでは。

藻谷　これがまた非常に不思議なんですが、これだけホテルが足りないし、これからまだ個人客が増えることもわかりきっているのに、東京でも大阪でも相も変わらずマンションとオフィスばっかり作っていて全然ホテルを作ろうとしない。

山田　本当に不思議ですね。

藻谷　東京なんかオフィスよりホテルだと思うんだけど、新宿も渋谷もなぜかオフィスばっかり建てる。東京は人口が増えているので需要があると思っているのかもしれませんが、大間違い。二〇一三年の正月から一六年の正月までの三年間に、東京・千葉・神奈川・埼玉の四都県では四〇万人も人口が増えたのですが、年齢別の内訳を見るとそのうち三八万人、つまり九五%が七五歳以上の増加。一五～六四歳の生産年齢人口は三二万人も減りました。とにかく現役世代は大阪はもちろん首都圏でも減っているので、オフィス人口も減る。マンションやアパートも空室だらけです。東京都の賃貸用アパートの空室率は三割を越えたという話も聞きました。これに対して東京のホテルは外国人を顧客にできるので、日本の人口減少の影響を受けずまだまだ需要が伸びます。なのに投資がないから、マンションの空室を使った素人商売のエアB&Bばかりが増える。その陰でトラブルもどんどん増えています。

山田　大阪や札幌、福岡などでもホテルが全然取れない。その反面、旅館は不振ですね。

藻谷　今まで通りの「プロダクトアウト」の発想ではダメ。旅館もインバウンドを意識したものに変えていく必要がある。和式トイレしかなくて料理も和食だけ、英語表示もなしだったら、いくらプロモーションしたって無理です。エアB&Bにすら負けるのでは、プロとしての資格がない。

山田　宿泊施設は足らないのに、意外と自主廃業が多いです。本当にもったいない。

藻谷　少しの改装とネット発信で、設備は古くとも、外国人客なら増やすことは容易です。都内や京都や大阪に、幾らでも実例はある。田舎の民宿でも成功事例は多い。なのに大多数は何もしない。まるで幕末の異人アレルギーが残っているみたいです。

山田　そういう意味では「所有と経営を分けてくれ」と言いたくなりますよ。オーナーが「年取ったから商売やめます」じゃなくて、誰かに貸してでも経営してくださいって言いたいです。これは旅館だけじゃなくて、商店街も一緒です。

エアB&Bも法整備が進んでくれば、トラブルは減ってくるでしょう。その時には既存の旅館や民宿の方が受ける影響が大きいでしょうね。

「おもてなし」は日本人の都合の押しつけである

藻谷　日本全体の戦略で言うと、「おもてなし」を前面に押し出しているのも、どうもずれているな、と感じます。「おもてなし」って言われているものはたいてい事業者の都合の押しつけで、「相手が何を望んでいるか」をマーケティングしたものではないですから。

山田　「おもてなし」というと日本人は、何か日本流の固定した接待のパッケージやマニュアルみたいなものを想像してしまうのですが、肝心なのはお客様の満足を獲得しつづけることです。それには相手によって対応を変える臨機応変な姿勢が必要ですし、相手が何を望んでいるかを瞬時に見抜くセンスも要求されます。

あと、国ぐるみで「おもてなし」と言っているわりには、宿泊施設やレストランの客観的評価基準がない。これは外国人にはまったく分かりにくい。ヨーロッパでホテルの評価をする星の数は施設の規模とかベッド数などによるもので、サービスの評価基準ではありません。一ツ星ホテルだからサービスが悪いということではない。一方、サービスの評価基準ではスイスの場合「クオリティラベル」という制度があり、お客様の満足を獲得するための経営努力をしているところほどランクが上がっていく仕組みになっています。上り詰めたらそこで終わり、というわけではない。日本の場合、一回名声を獲得すると、そこにあぐらをかいてしまうところが多いのですね。

藻谷　スイスの場合、時価評価になっているということですか。

山田　そういうことです。それと、世界的にミシュランのように、独自にサービスの評価付けをしているところもあります。どちらにしても、宿泊施設やレストランが経営の質を上げ続けるためのチェック機能として「外の目」がいろいろある。私は常々各地で、欧州ホテル協会の基準に則って、例えばベッド数がいくつ以上、コンシェルジュが二四時間対応、会議施設がある、などの条件別で自動的にカテゴリー分けをやった方がいいと言っているんですが、なぜか日本独自の評価基準を作りたがる。

外国人旅行者は、世界的にほぼ同じ基準でカテゴリー分けされていることを前提に宿を決めています。日本が独自基準を作ってしまったら世界基準とズレが生じる。しかも日本では宿泊施設のカテゴリー分けと品質保証制度を一緒にしようともしている。それと、日本では宿泊施設の区分やサービスの質の評価をしようとすると滅茶苦茶反対派が増えます。

藻谷　日本はプロダクトアウトの発想だから、「あるものを出す」のが「おもてなし」だと思っているのでは。他人の家に行ったのもプロのやっている宿に行ったのも同じで、相手が腹が減っているかどうかおかまいなしに、クオリティの低いものを出して「さあ、食え」っていうのもおもてなし。要は供給者側のセンスと都合の押しつけにすぎない。だから「おもてなし」は要注意キーワードですね。

山田　世界中、経営努力をしている事業者は顧客満足度の推進を最優先にしていますからね。「おもてなし」と言っている日本だけがお客様のことを考えているわけではない。

藻谷　ついこの間までJR東海が新幹線のチケットをクレジットカードで買えるようにしていなかったのも、こだまや在来線特急の車内販売をやめてしまったのも、自己都合の押しつけでおもてなしじゃない。サミット直前にようやくクレジットカード対応を始めた近鉄も「おもてなし」が行動原理になっているとはまだまだ言えない。どちらも、電車の車内設備や運行ダイヤのクオリティは世界一の水準だけに残念です。自分が自己都合で供給したものがたまたまウケたときに、「あれはおもてなしだった」と後付けで言うのはやめてほしい。

東京の山手線の駅でも、掲示されている運賃表示板をよく見てほしい。いまだに英語表記がないものが、ものすごく多いんですよ。一般の券売機でクレジットカードが使えないのも、欧州からみればびっくりでしょう。しかも、一般の券売機と特急券用の券売機の違いが、機械本体には日本語でしか書かれていない。画面を触って英語表示にしたら説明が出てくると、真顔で言い訳されたことがありますが、そんなことが外国人観光客にわかるわけがない。自分が外国に行って駅で迷った経験がない人間が、日本で外国人向けサービスの担当をやっていること自体に問題がある。

山田　標識や案内表示は全国的にまだまだですね。多言語で書けばいいと勘違いしている自治体も多いですよ。いろんな言語で書いたら字が小さくなって近くまで行かないと読めないものがあります（笑）。基本的にはピクトグラムをもっと普及させるだけで良いです。絵文字ならば世界中の人が理解出来るのですから。

ローマ字表記も相変わらず変なものが多いですよ。「○○通り（○○ dori）」ってローマ字で書かれても外国人には意味不明ですよね。やはり Street と書かないとわからないです。それと、地方でよくあるのは、駅前の市街地案内の大きな看板に「ＭＡＰ」と英語で書いてあるのに、後は全て日本語で書かれているものです。どこに何があるのかさっぱりわからない。

それ以上に不親切なのは、まだまだバリアフリー構造になっていないことです。空港はまだ良いですが駅に関しては首都圏でもひどい状況です。「おもてなし」というのなら、バリアフリー化はもっと進んでいて良いと思います。この件に関してはハード面だけでなく、楽しみ方の提供という意味でもバリアフリーのプログラムやツアーがもっとあっても良いと思います。それと余計な話ですが、本来の意味からすると「持て成し」とはお客様にとって何を成し遂げなくてはならないのかなので、そこをよく考えて欲しいです。

藻谷　おもてなしが顧客満足度の推進ということなら、接客レベルもホテルや旅館、レストラン、料亭、観光施設、飛行機、列車、バス、タクシー……とにかく良いところとダメなところの差がはっきりと出てますね。車内の英語アナウンスにしても、日本人が録音している場合、ｖをｂと読んでいるとか、とんでもない発音になっているケースが多い。羽田や成田のリムジンバスが特にひどかったのですが、さすがに批判が多かったのかようやく英語は外国人の音声になりました。しかし京急や東京メトロはまだ恥ずかしい状況です。日本語を正確に発音することを優先して英語アナウンスに日本人を使うのはナンセンス。というか、もっとちゃんと発音できる日本人もいるでしょう？　ネイティブに、録音する日本人を選ばせたらいいんですよ。

山田　チップの文化が日本でもあれば、現場では多少は磨かれるのかも知れませんよ。

藻谷　どうかなあ。現場レベルだと、笑顔での顧客対応とか英語での説明は、チップなしでもちゃんとできているところもありますからね。私はむしろ大きな組織がやっているマニュアル的なサービスの方に、おもてなしの欠如を感じますよね。大本営はアホだけど現場の将兵が頑張りましたっていう、戦争中の話と同じような構図。

山田　このパターンで言うと日本の航空業界も一緒。客室乗務員や空港のグランドスタッフは現場でかなり頑張ってますが、あまりにも環境と制度が悪すぎますね。それに昔に比べたら給料も異常に下がってます。現場はスキルもあって頑張っている人たちで支えられていて、その他の動かないスタッフや従業員とダメな経営者が足を引っ張る。この構図は、大手のホテルや旅行会社でもよくありがちなことです。

それと、私は大学で若い方たちへ教えることがあるのですが、意外と観光業界へのイメージがよくないですね。実際、就職した卒業生たちを見ていると、そろそろ限界かなと思うんです。やはり給料が安いですから。

藻谷　ああ、それはあるね。

山田　望んだ通りにホテルに就職したとします。最初はやる気まんまんで笑顔で仕事をしていた彼らが、休みが取れない、給料は安い、さらに環境が悪くなっていく、とだんだんモチベーションが下がってくる。旅行会社も大して変わらない。せっかく夢も希望も持って入ってきた若者に対して「やりがい搾取」状態になっているのが許せないです。

藻谷　でもこれは、ホテルやレストランでもチップで解決するんじゃなくて、給料のほうを上げなきゃ。つまり高単価ビジネスにシフトする、と。

山田　そうなんですよね。大手のホテルほど訪日外国人旅行者で儲かってますから。でも、現場におけるインセンティブとしてはチップ制度も欲しいです。とにかく、若い人たちの給料を上げることを考えないと業界として自滅すると思います。

医療ツーリズムでも「マーケットイン」が不在

山田　いま、国も観光には以前よりも大きな期待をかけていて、「二〇二〇年に訪日外国人旅行者数四〇〇〇万人、二〇三〇年には六〇〇〇万人」などの新しい数値目標が出てきています。しかし、いまだって圧倒的にホテルが不足していて、鉄道などの対応も不十分という状態で、本当に大丈夫なのでしょうか。みんな二〇二〇年の東京オリンピック・パラリンピックのことは意識していますが、「その後どうするの？」ということは数字以外のことは誰もあまり語っていない。

藻谷　オリンピックっていう「戦術」に狂奔しちゃって、「その後の国はどうするんだ」という戦略がない。前倒しで投資した反動で、オリンピックをやった後の国はしばしば不況になる。アテネオリンピックの五年後にギリシャ危機が起こった。ブラジルはもっと大変でしょう。本当は国としての総合戦略みたいなのができて然るべきなんでしょうけど、そういう議論がほぼないですからね。

ただ次回の東京に関して言えば、そもそも言われているような経済効果はないですよ。都市圏人口もGDPも世界最大の都会で、元々が巨大ですから、オリンピックのプラスなんてほとんどないのです。東京でのオリンピック効果と、鳥取での国体の効果は、比率で考えれば後者の方が大きいですね。そしてどちらもたいしたことはない。

山田　日本が世界に対して提供できる価値って何なのかも、全然明確になっていませんし、国もそれを明確にしようという発想が希薄です。私なんかは、日本は世界中から健康長寿で認められているんだから「健康長寿」をもっと日本のテーマ・コンセプトにしたらどうか、と言っているんですが、誰も真面目に考えてくれませんね。G7、G20の中で、自然災害があろうが不況になろうが寿命が延びているのは日本だけですから。他国では自然災害だけでなく政治や経済的な問題があると地域によっては寿命が下がる傾向があるそうです。特に外国の富裕層にはもっとアピールしたいですね。

藻谷　そうですね。

山田　スイスだと地元のハーブとか高山植物を使ったアンチエイジングのプログラムをホテルがプロデュースし、それにちゃんと高度医療が関わっているので、富裕層を中心としたお客様が来ています。これは代替医療ですが、いわゆる「医療ツーリズム」をやろうとすると、ハードルが高くなりすぎる。

藻谷　僕はシンガポールで医療ツーリズムを見てましたが、基本的には日本では難しいです。定型的な外科手術などを除けば、医療はやはり同じ言葉を話すネイティブの人から受けなければ、安心できないものなのです。だから医療ツーリズムをやるのであれば、日本人がヘタな英語で対応できるのはごく一部分で、外国人の医者を増やさなきゃいけない。そのときに、鎖国状態の日本の医療制度とバッティングしてしまう。そこを無視して「日本の最先端医療を受けに来てもらえばいい」という発想もプロダクトアウトの典型です。医療では、技術以上にヒューマンインターフェースの問題が重要なのです。

山田　日本ではＪＣＩ（ジョイント・コミッション・インターナショナル）認証を受けている病院がすごく少ないんです。これはもともとアメリカの医療機関の認証制度なのですが、今では外国人の受け入れ体制が出来るという国際的な証になっています。あと、保険制度や保険会社との連携も後れている。日本人は海外で怪我や病気をしても現地では現金ではなくクレジットカードで支払います。治療費分は後で保険会社から口座に振り込まれるわけですけど、外国人は日本のほとんどの病院ではそんなことできない。そもそもほとんどクレジットカードが使えないですから。

藻谷　実は鎖国体制になっていると。

山田　「これからは医療ツーリズムだ！」と言っている人でも、ＪＣＩ認証すら知らない人がものすごく多い。医療機関ですら知らない人もいますから。

カジノが儲かるという幻想

藻谷　国内と海外の認識の差ってことでついでに言うと、カジノはどう思う?

山田　正直、「何を今さら」という感がぬぐえないです。カジノを作ったところでうまくいっているところなんてほとんどないですよ。カジノだけでなく、IR（Integrated Resort：統合型リゾート）そのものをちゃんと理解してない人が多いです。

藻谷　IRとしてうまくいっているのは、シンガポールのマリーナベイサンズと、ラスベガスやマカオの一部くらい。圧倒的多数はうまくいっていない。

山田　IRでうまくいっているところも、カジノだけで儲けているわけではないですからね。最近、マカオはエコツーリズムも推進しています。ポルトガル統治時代の歴史的建造物もかろうじて残っているので生活文化を活かそうとしている。

藻谷　マリーナベイサンズも、日本人はあの三本の奇天烈なビルの上にあるプールに入って喜んでいるだけ。カジノに行っている人はほとんどいない。ラスベガスでも日本人客のほとんどはショーや食事を楽しむのが主目的です。対して中国人は賭け事が大好きですが、七割が華人のシンガポールでは国民は高い入場料を払わねばカジノには入れない。ギャンブル中毒者の増加を防ぐためです。ですからマリーナベイサンズの場合、中国本土からのお客が頼りです。ここが賑わっていた理由のひとつに中国共産党の腐敗官僚たちのマネーロンダリング機能を担っていたこともあるらしい。それも習近平の反腐敗闘争で相当減ったとか。

山田　アメリカのカジノだって、ラスベガスの一部を除けばうまくいってない。アトランティックシティなんて落日の観光リゾート地です。韓国にもカジノが各地にあるけどそれで韓国経済が潤っているという話は聞いたことがない。

藻谷　僕はカジノの話を聞くたびに、ディズニーランドを見てきた人が「ウチの町にも遊園地を作る!」とダダをこねているようなものだと感じます。ラスベガスやマリーナベイサンズとカジノ一般は、ディズニーランドと普通の遊園地以上に違います。逆に言えば、「カジノで地域活性化」と唱える人は、これに限らず顧客目線でビジネスを考える能力がない。何をやっても客商売では失敗するタイプですね。

そもそも、東京も京都も沖縄も、カジノのコンセプトと元々の資源がマッチしない。ニューヨークやパリやローマだって、沖縄やハワイだって同じでしょう。

山田　推進派の話を聞いていると、昔のリゾート法の頃のような意識がまだ残っている。開発収入で利益を得たいとか、それで恩恵を被りたいみたいな話ばかり。どこかの国立競技場と同じですね。

藻谷　これもプロダクトアウトの発想の典型です。リゾート法の頃、「高層ホテルとゴルフ場を作れば客が来る」と思い込んで、ダメな設備を大量に作ったのと一緒。

それでも日本の観光には無限の可能性

藻谷　まあ悲観的なことをいろいろ言ってきましたが、それでも日本の観光は絶対にこれから拡大していきます。これだけ観光資源の豊富な国で、プロデュースしようと思えばいくらでもできる余地がある。今日の山田さんと僕の対談は、後から振り返れば、ものづくりと言えば戦艦大和とか戦車とかの時代に、「本来、日本は自動車を作れる。フォードから輸入するばかりが能じゃない！」とか叫んでいたであろうオッサンたちの議論みたいなものです。

山田　ハハハ、なるほど。

藻谷　日本の観光が盛り上がらないなんてことは、日本人が許してもお天道様が許しません。最近私は、まだ元気なうちにできるだけ外国に行っておこうと思いまして、ようやく欧州の独立国は全部、世界では八〇ヶ国を訪れました。長い間ご無沙汰のところにも極力定点観測に出かけるのですが、そのたびに、この国にいる人たちが日本に来て、あれを見てこれを食べたら喜ぶだろうな、日本人がまったく価値に気付いていないこのところに感心するだろうなと、ずっと考えています。自分の浅知恵と、日本の狭い世間の「常識」に囚われているからわからない。相手の目線に立てば、可能性は無限であるとわかる。

だから、観光は上下しつつも長期的に盛り上がるし、正しい道を見つける人は年々増えていくと思っています。ゾンビのような人たちもだんだんに世を去って減っていくし、大手観光事業者に取り込まれている人たちだって、今のアンシャンレジーム構造がいつまでも続くとは思っていない。悲観することはありません。希望はあるんです。

山田　こころ強い言葉ですね。日本各地が観光地化するのではなく、旅行者も住民も幸せを感じることが出来る「感幸地」になれば、日本は世界中から羨望される観光大国に自然となっていくことが出来る。それを信じて活動を続けたいと思います。

おわりに

藻谷さんが「はじめに」で私をアルセーヌ・ルパンに例えたことに倣えば、彼はさしずめ「シャーロック・ホームズ」と言えるでしょう。

藻谷さんが判断の根拠とするのは、実際に自分の目で見、耳で聞いて確認したことと、統計数字の推移などの客観的なデータだけ。その事実を、他の現場での事例などと比較しながら、論理を組み立てていく。俗論には一切惑わされない。そして、組み立てた論理の果てには、常識とは異なるあっと驚くような真相が待っている――。

彼はシャーロック・ホームズと違ってパイプでタバコをふかすこともありませんが（むしろ嫌煙家です）、推論のスタイルはどこか似ています。デフレの原因が「生産年齢人口の減少にあり」と喝破してベストセラーになった『デフレの正体』は、彼の推論がどれだけの破壊力を持っているかを如実に示してくれました。

その『デフレの正体』の本文中に私の名前が出されたことがきっかけで新潮社から本書の執筆を依頼されたのですが、正直言って本書の制作は困難の連続でした。というのも観光・リゾート地は「生もの」であるだけに、ちょっとしたことで現地事情が頻繁に変わるからです。

本の話を頂いた頃に「うまくいっている事例」として紹介しようと思っていた地域が執筆中にダメになってしまうという例もいくつかありました。それこそ、うまくいき始めたとたんに「ゾンビ」が復活してきた観光地もあれば、その地の再生の中心的役割を果たしていた人のちょっとしたトラブルでダメになったケースもある。うまくいっているように見える場所にしても、「すべてがうまくいっている」わけではなく、いろいろな勢力の危ういバランスの結果として「相対的にうまくいっている」というケースが大半なのです。

そんなこんなで結局、企画のスタートから本書の完成まで五年もの歳月を要してしまいました。本文中でも記した通り、現場で進行している事態はキレイゴトでは済みません。その意味で、本書で取り上げたさまざまな成功・失敗の事例も、「現時点での報告」ということにしかなり得ないでしょう。それでも、観光・リゾート地を再生させるのに必要なことの本質は、この本である程度書けたと思っています。
本書に記した考えは、すべて現場で奮闘するみなさんとの対話や活動を共にしてきたことによって培われたものです。多くの方のご支援とご協力がなければ本書は成り立ちませんでした。名前を出すと膨大なリストになってしまいますので割愛しますが、これまでにご縁のあった、地域再生の現場で奮闘を続けている数多くの行政関係者・民間事業者、住民のみなさんに、この場を借りてお礼申し上げます。また、本書のまとめにご尽力頂いた大谷隆之さん、編集の横手大輔さんにも心から感謝申し上げます。

今後もスイスと日本を往復しつつ、地域再生の活動に邁進していくつもりです。私自身はアルセーヌ・ルパンほど将来を見通す能力があるとは思いませんが、全国のみなさんと共に現実を動かしながら、将来に向けてより良い地域を築いていくことは出来ると信じています。そして、全国各地の観光地が少しでも「感幸地」となっていくように、これまで以上に全力を尽くしたいと思います。

また、この本をきっかけに、地域の価値向上のために動き始める人が一人でも多く出てくれたら、著者としてこれほど嬉しいことはありません。

二〇一六年一〇月

山田桂一郎

藻谷浩介　1964（昭和39）年山口県生まれ。日本総合研究所主席研究員。著書に『デフレの正体』『里山資本主義』『しなやかな日本列島のつくりかた』『和の国富論』など。

山田桂一郎　1965（昭和40）年三重県生まれ。観光カリスマ。JTIC.SWISS 代表。観光立国スイスでの知見を元に、日本各地で地域振興や観光地再生の事業を手がけている。

Ⓢ新潮新書

692

観光立国《かんこうりっこく》の正体《しょうたい》

著者　藻谷浩介《もたにこうすけ》　山田桂一郎《やまだけいいちろう》

2016年11月20日　発行
2023年10月10日　7刷

発行者　佐藤隆信
発行所　株式会社新潮社
〒162-8711　東京都新宿区矢来町71番地
編集部(03)3266-5430　読者係(03)3266-5111
http://www.shinchosha.co.jp

印刷所　錦明印刷株式会社
製本所　錦明印刷株式会社

ISBN978-4-10-610692-7　C0263

価格はカバーに表示してあります。

新潮新書

997
交通崩壊
市川嘉一

寸断される鉄道、広まらないトラム、カオス化する歩道……。「部分最適」の政策の集合体を脱し、総合的な交通政策を構想せよ！　都市・交通問題に精通したジャーナリストによる提言。

1004
不道徳ロック講座
神舘和典

仲間の妻に関係を迫る。薬物中毒で入院させられる……ミック・ジャガー、エリック・クラプトン、ジョン・レノン等、デタラメで不道徳、でも才能あふれる面々の伝説を追った一冊。

648
戦略がすべて
瀧本哲史

この資本主義社会はRPGだ。成功の「方程式」と「戦略」を学べば、誰でも「勝者」になれる――『僕は君たちに武器を配りたい』著者が、24の「必勝パターン」を徹底解説。

642
毛沢東
日本軍と共謀した男
遠藤誉

「私は皇軍に感謝している」――。日中戦争の時期、毛沢東の基本戦略は、日本と共謀して蔣介石の国民党を潰すことだった。中国共産党が決して触れない「建国の父」の不都合な真実。

640
被差別のグルメ
上原善広

虐げられてきた人びとが生きる場所でしか、食べられない美味がある。アブラカス、サイボシ、鹿肉、イラブー、ソテツ、焼肉……垂涎の料理と異色の食文化を大宅賞作家が徹底ルポ。

新潮新書

635
日本を愛した植民地
南洋パラオの真実
荒井利子
「日本の時代が一番良かった」。なぜ今なお島民はそう言うのか。戦後の米国の影響下とはどこが違うのか。数多くの貴重な証言から、植民地支配に新たな視点を提示する一冊。

822
憲法学の病
篠田英朗
「憲法学通説」の正体は、法的根拠のない反米イデオロギーだ！ 東大法学部を頂点とする「ガラパゴス憲法学」の病理を、平和構築を専門とする国際政治学者が徹底解剖する。

989
官邸官僚が本音で語る権力の使い方
兼原信克 佐々木豊成
曽我豪 髙見澤將林
巨大タンカーのごとき日本政府を動かすには「コツ」がいる。歴代最長の安倍政権で内政・外政・危機管理の各実務トップを務めた官邸官僚が参集し、「官邸のトリセツ」を公開する。

985
山本由伸
常識を変える投球術
中島大輔
肘は曲げない、筋トレはしない、スライダーは自ら封印……。「規格外れ」の投手が球界最高峰の選手に上り詰めた理由は何なのか。野球を知り尽くしたライターが徹底解読する。

976
誰が農業を殺すのか
窪田新之助
山口亮子
農家の減少は悪いことではない。「弱者である農業と農家は保護すべき」という観念から脱却し、産業として自立させよ！ 農業ジャーナリストが返り血覚悟で記した「農政の大罪」。